つらい時ほど
かみさまはちゃんと見てる

かみさま試験の法則

のぶみ

青春出版社

気を使ってるのに

人にキラわれたり

がんばってるのに
評価されなかったり

絶対自分が悪くないのに
キライな人が
なんか言ってきたり
もうなんでこんなことに
なるんだよってことばかり

でもそれが
かみさまのプレゼントだとしたら…？
苦しい時ほど
かみさまは、見てる
あなたがどう成長するかを
かみさまは、見てる。

はじめに　「かみさま試験」って何？

はじめに、この本は、決して怪しい本じゃないということを堂々と言っておきたい。ふざけた本です。比較的ゆるい本です（笑）。

ぼくがいうかみさまは、宗教とはちょっと違います。1人ひとりみんなの頭の上にかみさまがいる。キリストでもブッダでも守護霊でもなんでもいいけど、いつも自分のことを見てくれている〝何か〟がいるんじゃないかと思ってるんです。

それは、ぼくが3歳くらいの時から、お母さんに「いつもかみさまは見てるよ」って言われて育ったから。それでぼくは、「ホントに見てるのかな？」って思いながら生きてきました。

それで、その見守ってくれてる〝何か〟っていうのが、今の自分だけじゃなく過去も未来もひっくるめて全部、ぼくがおじいちゃんになるまでのこととか、全部知ってるんじゃないかなと思ってるんです。だとしたら、その人に聞いたほうがいいよね。

そのかみさまが時々ぼくたちに与えるのが「かみさま試験」です。

ぼくはこれまで絵本作家を21年間くらいやってきたんだけど、売れない時期が7年間あった。その時、「もしかして自分は試されているんじゃないだろうか」って思うようになったんです。

だって単なるかみさまからの嫌がらせなんて思うのイヤでしょう（笑）。

ぼくが売れてない時に、絵本が売れてる先輩に会いにいくと、売れてる先輩は絵本を描いてない時でもみんなに愛されてて、まわりにものすごい人がいっぱいいたんですね。

それで、「ああ、そうか」ってわかった。

それまでのぼくは、絵本が売れたら、みんなが僕のこと愛してくれるのかなと思ってたんです。でも僕が愛されてないのに、愛される絵本が描けるわけないじゃん。

ぼくは絵本の源泉だからね。

それがこれから話す「かみさま試験」に気づいたきっかけです。

だから、もしかみさまがいるとしたら、かみさまに試されてるとしたら、ぼくはか

はじめに　「かみさま試験」って何？

みさまの言ってることにすぐ気づく人になりたいと思って、この本に書いたようなことをいろいろ試してきました。

今この本を読んでくれてる人も、きっとかみさまがいるんじゃないかって気づいて手に取ってくれたんじゃないかな。

そう、あなたのかみさまはいつも見てるんだよ。

こう言うと、「どんなに苦しい時でもかみさまは見てるんですか？」ってよく聞かれるんだけど、苦しい時ほどかみさまは見てる。「で、さあどうする？」って言われてるような気がします。あなたの考える力、行動の速さを見せる時です。

じゃあなんで「かみさま試験」があるかっていうと、ぼくたちはやっぱり成長するために生きてるんじゃないかな。成長するためにみんなこういうふうにがんばってるんじゃないかなって。

「大変そう」とか思う人もいるかもしれないけど、ぼくは自分を成長させていく人生が好きだなあって思います。

最後にTwitterで書いて大反響だった詩を紹介して、まえがきを終わりにしたいと思います。

かみさまは、見てる

人からイヤなことを言われても、まだ人を喜ばせようとしてる人を見てる。

落ち込む心をちょっとでも上にあげようと笑顔にしようとする人を見てる。

自分を数に入れるのを忘れるくらい人を喜ばせようとしてる人を見てる。

かみさまは、見てる。
かみさまは、見てる。
かみさまは、見てる。

あなたがどんなにやさしいのかを知っている。

『かみさま試験の法則』 もくじ

第1章

かみさまはいつも見ているよ

「かみさま試験」を解いてみよう!

第2章

人間関係の「かみさま試験」

キライな人は、もう1人の自分

第3章

結婚・子育ての「かみさま試験」

本当の「好き」って、こういうこと

第４章

仕事・人生の「かみさま試験」

自分を磨けば願いは叶う

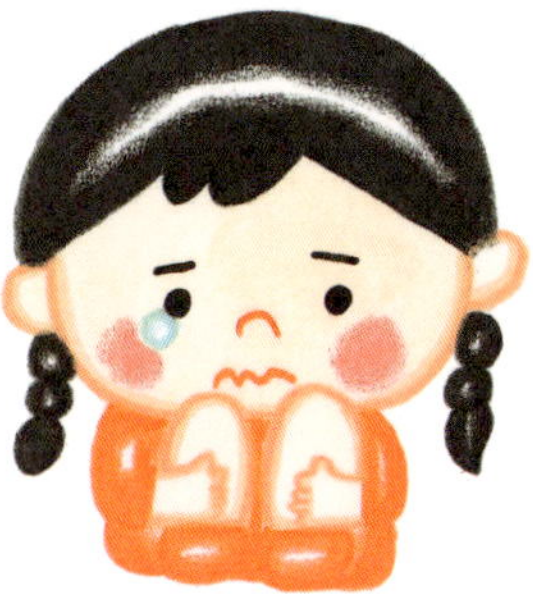

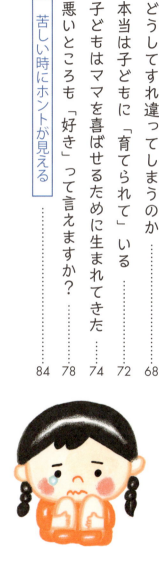

第５章

かみさまの声を聴く方法
「見えない世界の人たち」からのメッセージ

カバー・本文イラスト　のぶみ
本文デザイン　ベラビスタスタジオ

第1章

かみさまはいつも見ているよ

「かみさま試験」を解いてみよう！

大きな幸せは、いきなり
大きな幸せなんじゃなくて
苦しさの中に大きな幸せのタネが
あるのかもしれない
小さな幸せは、自分で気がつかないと
生活に埋もれてしまうほど
小さいのかもしれない。

かみさまと仲良くなる３つの習慣

「かみさまはいつも見てるよ」って言ったけど、ぼくがかみさまと仲良くなるためにいつもやってることがあります。

１つめが、毎日神社にお参りしていること。

なんで神社かっていうと、宗教とか関係なくて、うちに一番近いから。もしぼくがかみさまだったとしたら、毎回よく来てくれる人のことって気になると思うんだよね。ぼくも講演会をやってて、毎回来てくれるファンの人がいるんですよ。当然名前も覚えるし、その人のことって気になる、はじめて来てくれた人よりもね。

それで、お参りする時にも意識してることがいくつかあります。

まず、必ず参道から入るようにしてること。ぼくは全然神道とか詳しい人じゃないんだけど、赤ちゃんが生まれる時に産道を通るじゃないですか。その産道と参道は似てるんじゃないかなって思ってて。うちからはその参道じゃなく横から入ったほうが近いんだけど、わざわざ参道から入ってお参りするようにしてる。そうすると、なんだか1回生まれ変わったような気持ちになるんだよね。ちなみに、なんとなくの感覚です。詳しくは知らない（笑）。

もう1つやっているのが、お参りする時には何かのお願いをしないこと。

たとえばぼくがかみさまだとして、急に見知らぬ人から「受験に合格しますように」って言われたらすごくイヤなんですよ。「ぼくに言われても困るよ。自分でなんとかしなよ」って思っちゃうんだよね（笑）。

「恋人ができますように」とか言われても、「できるといいね」とは思うけど、別にぼくがなんかすることはないなーって思っちゃうんですね。もちろん、人にもよると思うけど。

じゃあ、ぼくが毎回神社に行って何を思って拝んでいるかっていうと、「かみさまのお手伝いができますように」ってお祈りする。

その時に、まず「なんかこの神社格好いいですね」とか「すごいいい気とかも流れてて、ここの空気もぼくは好きです」って、ほめるんですよ。

人と会った時にもまずほめるじゃないですか。まずほめて、それで「何かできることあったらぼくがお手伝いしますので、よろしかったらお願いします」って言って帰ってくる。それ、自分だってやられたらうれしいよね。自分がやられてうれしいことをかみさまにもしたらいいよ。

そして2つめは、人に会う前にお祈りすること。

これは、かみさまにというよりも、「自分から人にやさしくできますように」って自分に向かってお祈りするんですよ。そうすると、お祈りしてない時より、お祈りした時のほうが人にやさしくするスピードが速くなる、しなかった時よりもずっと速くなるんです。

たとえば、この前駅で電車を待ってた時、ホームに車椅子の人がいてね。いつもは駅員さんが電車とホームのあいだにスロープを渡してくれるんだけ

ど、その時はまわりに駅員さんがいなかったんです。

それで「困るだろうな」って思ってぼくもすぐ走っていこうと思ったんだけど、ぼく以外にそれに気づいて手伝おうとする人が3人いたの。ぼくより気づくのが早かったり足が速かったりして、ぼくはその人のことを手伝えなかったんですね。

だから、人にやさしくしようとしても、スピードが速くないと結局は何もできないんだよ。その心構えとしてお祈りするの。

もう1つ、「自分から」っていうのが大事なポイントです。やさしくできる瞬間を待ってちゃダメで、いろいろできることがあると思うから、何でもまずは自分から行動していくことですね。

それは人を喜ばせると、自分が一番幸せになるからなんだ。

3つめは、「即行動」。

かみさまは何か起こった時、「即行動」で「即解決」しようとする人が一番好きなんじゃないかってぼくは思ってるんですね。

イヤなことや大変なことが目の前に立ちはだかった時、逃げたり先送りしたりしないで「即行動」していれば、それはかみさまがちゃんと見てくれて応援してくれるんじゃないかなって思ってるんです。だってみんなイヤなことがあったら後回しにしたいし、なかったことにしたいからね。

「かみさま試験」は突然やってくる

自分の目の前に困難な出来事や違和感のある出来事が立ちはだかったり、キライな人があらわれたりする。

これが「かみさま試験」です。イヤな試験だなって思うでしょ（笑）。

でもぼくは何度も「かみさま試験」を受けているうちに、それをクリアする方法を発見したんですよ。それが、「即行動」して「即解決」しようとすること。そう、かみさまと仲良くなる3つめのポイントと同じなんです。

そして、「かみさま試験」は、いつも突然やってきます。

だから、その存在に気づくのがまず大事。

たとえばキライな人が目の前にあらわれたり、イヤなことが起きた時。それが「かみさま試験」だとすぐ気づけるかどうか。そして、その時どうするかで今後の人生が変わっていくと思ってるんです。


たとえば「最近ひざが痛いんだ」って言ってる人がいたら、「どっちのひざが痛いの？」って聞いて、とりあえずよくなりますようにってさすってあげるとか。


別にぼくがひざをさすったところで、ひざが治るわけじゃないですよ、お医者さんとかでもないし。

ただ、自分のできることをやるっていうのが大事なんですよ。

かみさまってあなたのしたやさしさのなかにいるからね。

もう1つ、「かみさま試験」っていうのは、「やれなくもないけど、それ、マジでや

んのかよ〜」っていうのが特徴。

たとえば、ジェットコースターに乗る前みたいな感じ。ジェットコースターに乗る前って怖いじゃないですか。でも乗れないことはない、死ぬわけじゃないんだから。それと同じで、乗っちゃったら結構大丈夫だったりする。

さっきのひざの例でいえば、初対面で会った人が「ひざが痛い」って言ってて、「じゃあ、ひざさすりますか」って聞いたら、なんか変な人に思われるじゃないですか。だから、何をやるにしてもちょっと勇気がいるんですよ。

その勇気のあることをいかにやっていけるかっていうのが「かみさま試験」だと、ぼくは思っているんです。

それで、イヤイヤでも解決しようと取り組んだら、かみさまは評価してくれます。

子どもも「学校行くのイヤだー！」って言ってても、行けばとりあえずママは許してくれるじゃん。あれと同じ。

だから、イヤイヤでも「かみさま試験」をやろうとすることが大事だと思ってます。

それは、頭のなかの恐れを乗り越えると成長するからだね。

かみさまっていうのは、行動できない。自分が行動できないから、行動する人間が好きなんだと思います。

かみさまはボクシングのセコンドみたいなもので、ボクシングのセコンドって、コーナーのところで見てるだけで、ボクシングには参加できない。つまりボクシングをやってる人みたいに自分が動けない。応援してるだけなんだよ。

だから、その応援に応えるようなことをやってほしいよね。リングに上がったのになんにもやらないボクサーなんて最低じゃん（笑）。

だから「かみさま試験」が起きた時に動いてくれると、「行動してくれたー！」って、かみさまは喜んでくれるんです。

小さい試験と大きい試験がある

「かみさま試験」で面白いのは、かみさまっていうのはできないことを試験として出さないところです。できること、乗り越えられることを試験として出そうとするんだよね。

そして「かみさま試験」には、「小さいかみさま試験」と「大きいかみさま試験」があります。

「小さいかみさま試験」は、たとえばさっき言ったみたいに、人にやさしくする瞬間を逃すとか、あの時こういうふうに言えばよかったとか、目の前の人が何か落し物をしたのに渡せなかったとか、ゴミ箱のまわりにゴミが落ちてたのに入れなかったとか、すごくちっちゃなことですね。ただ、たくさんクリアすればいいことが必ず起こるよ。

「大きいかみさま試験」は、ちょっと怖いと思われるかもしれないけど、自分が病気やケガをしたり、大切な人を失ったりすること。仕事で大失敗すること、ふられること。ぼくの考えでは、病気やケガをしたときは、感謝することを学んでいるんだと思う。それか「休め！」って何度もかみさまが合図出してるのに言うこと聞かない人が絶対休むようにするためなんじゃないかな。

大変な時どうするか。

映画のヒーローやヒロインみたいに格好よくクリアできたら、かみさまは「なかなかやるな」って評価してくれると思います。

それで頭で解決できなければ、紙に書いて自分に「どうする?」って聞いたらいいんだよ。頭で解決できないことは、脳みそのキャパオーバーだから、紙に書くと冷静に向き合えるんだね。

「紙に書く」と「神になる」んだ。紙に自分が入るから、自分は冷静にかみさま目線で見られるってことだよ。

なんで人生に「かみさま試験」が必要かっていうと、やっぱりぼくたちは成長するために生きてるからだと思います。

この成長以外のことをすると、ダメなことが起こるような気がする。ぼくの場合はそうだったんです。仕事もうまくいかないし、まわりの人も離れていったような気がするんですね。

だから、「今日はこれをやろうと思ってたけど、まあいいや、遊びに行っちゃえ!」っていうことを毎日してたら、自分がその人を見守っているかみさまだとしたら、すごく「なんでだよ！」って思うと思う。

別に遊びに行くのが悪いわけじゃないよ、たまにならいいと思う。でも、かみさまは言葉を話せないから、いろんなシチュエーションを用意して気づかせようとがんばってるのに、それを無視して怠けてたら、当然腹が立つよね。

だから人見知りだっていって人に会わないのもよくない。人との出会いなんて自分じゃ絶対にできない。かみさまがセッティングしてくれてるんだからさ。

怠けすぎたり、気になってるのに全然変わらないと、「いいかげんにしなさい」ってかみさまからビンタされるようなことが起こってくる。

それがさっき言ったみたいな、病気やケガ、大切な人と別れることだったりする場合がある。それはかみさまからのメッセージだとぼくは思っているので、かみさまは何を伝えたいのかなって考えてみるといいと思う。

あと、自分でも薄々「これをやってたらダメなんじゃないの？」ってわかってるのにやめない人。悪いことする人は、悪いってわかっててやってるんだね。

お菓子とか、お酒とか、ゲームとか、ギャンブルとか、いろいろあるけど、いずれ体を壊したりお金がなくなったりするって薄々わかってるだろうから、「大きいかみさま試験」が来る前にやめたほうがいいよね。

「かみさま試験」っていうのは、小さなことを即解決してたら、そんなに悪いことは起きない。かみさまが何回も「お前のそういうとこ直したほうがいいよ」って合図出してるのに無視したり後回しにしてると、「大きいかみさま試験」になるだけなんだよ。

クリアした人から、いいことが起こり出す！

じゃあ「かみさま試験」をクリアすると何が起こるかっていうと、自分にとって一番うれしいことが起こります。たとえば試験に合格したり、恋人ができたり、ぼくだったら「絵本でみんなに喜んでもらえた」とかですね。

つまり、「かみさま試験」をクリアすると、自分の願いが叶うんです。だから何もしないで「願いが叶いますように」って思ってちゃダメだよ。

あとは、かみさまは出会いを用意してくれたりします。

すばらしい出会いっていうのは、自分じゃセッティングできないよね。出会いってやっぱり相手があるものだから無理矢理はダメなんだよ。出会えるのは相手のかみさまがいるから出会わせてくれるわけで、日々努力してる人じゃないと、相手のかみさまも「こんな人には会わせない」って思っちゃう。

出会いっていうのはかみさまがやってくれるものだから、いい人と出会った場合は、今やってる自分の行動は正解ってことになるよね。かみさまは正解！　もちゃんと見せてくれるんだよ。

それから、ひらめき。ぼくは絵本作家なんだけど、絵本の場合はあらすじをひらめかせてくれます。だから、無理矢理「こうやったらどうかな」って、頭でウンウン考えて悩みに悩み抜いてやるんじゃなく、頭をからっぽにしてひらめきに任せるようにしてるんですね。

ちなみに、頭のなかがギュウギュウになってパンパンになってると、まったくかみさまの声が聞こえなくなっちゃいます。

同じことを3回くらい頭のなかで考えたら、悩みになっちゃうから、そういう時には紙に書き出すこと。紙に書いて、「今、何に悩んでるんだ」ってまず自分が理解するんです。

次に「どうやって解決すればいいか」を考えて紙に書きます。その答えが「えー、マジかよ。めんどくさい」ってことだとしたら、それは完全に「かみさま試験」です。

「めんどくさい」ってことをクリアするためにぼくたちは生きてるんだよ。それを「即実行」で行動に移せたらかみさまは喜ぶから、その人は絶対うまくいくんです。

逆に、「かみさま試験」をクリアしたと思ったのに、いいことが起こらなかった、っていうこともある。

それはがんばる方向が間違ってるっていうこと。自分はいいと思ってやってるんだけど、「ちょっとがんばる方向が違うよ」っていうかみさまからのメッセージなんです。

たとえば、自分には本当はやりたいことがある。フィギュアスケートの選手になりたいと思っていたとする。

だけどフィギュアスケーターなんて、そんな簡単になれるわけないし、小さい頃からやってないし……よって、普通に就職します。で、自分はずーっと夢を追い続けていきたいのに、ちょっとやりたくもないなあっていう仕事をずっとがんばってる。イヤな上司に何か言われてもずっとがんばってる。

それは間違った方向の努力をしてるっていうことになるので、なかなか「かみさま試験」の合格、「ピンコーン」っていうのが出ないんですね。自分もそれに気づいてるはずだよ。ホントにやりたいことと別のことしてるなって。

つまり、自分の言ってること（言動）、やってること（行動）、それと心、その3つが全部一緒の方向を向いてて、それで幸せになるっていうことなんです。

自分が納得しなきゃ、ホントに心から生きてる、にはならないのかもしれないね。

「かみさま試験」はポイント制

ツライことやキライな人が来て、「これは『かみさま試験』かも」ってことが起こった時は、ある意味チャンスです。なぜなら「かみさま試験」ってポイント制だから。

誰か困ってる人がいる時にダッシュで助けにいけば、ポイントがたまる。それでその人が「助かりました」ってなれば、昔からよく言われてる「徳」が増えていくよね。お金が多いより徳が多いほうが大事だと思う。

掃除をするとかゴミを拾うとか、「小さいかみさま試験」でもポイントをためると結構いいことが起こったりするので、それを習慣にするといい。人をほめるとかそういうこともいいと思います。とにかくみんなが喜ぶことをしたらいいんだ。

あとは、気になってること、「あ、これやりたいな」って思ったらやったほうがいい。たとえば駅のトイレが汚れてたらキレイにするとか。

ただ、全員がこれをやる必要はないと思います。やりたい人だけがやればいい。

どうしてかっていうと、「かみさま試験」で大事なのは、恩着せがましいことをしないことだから。「トイレが汚いけどこれはきっと『かみさま試験』だから、やりたくないけどやるか」っていうのは、続けられないよね。続けられないことは間違ってるんだよ。もちろん勇気出したらやれることは、絶対やったほうがいいけどさ。

一番ポイントが高いのは、まわりに知り合いや友だちがいない時に、いいことをすることなんです。

さっき言ったように、ゴミ箱のまわりに落ちてるゴミを拾うとか、人が落し物した時にさっと拾ってあげるとか、外国の人が道に迷ってたら英語ができなくてもがんばって絵とか描いて教えてあげる、とかいったことですね。

自分の知り合いや友だちがいない時にやることが、本当の自分だとぼくは思う。それは誰かにアピールしてるわけじゃなく、かみさまだけにアピールしてることだから。

これはかみさまがものすごく喜ぶことなんです。「ああ、自分の存在をわかってくれてるんだな」っていうのはやっぱりうれしいじゃん、自分がかみさまだとしたら。

ぼくは両親が牧師で、ちっちゃい頃から聖書を読まされたりしてたんだけど、ぼく自身はキリスト教徒じゃありません。

ぼくは、キリストはキリスト教を広めたいんじゃなくて、かみさまの教えを広めたい人だったんだと思ってる。ぼくも同じで、みんなに1人ひとりいるかみさまを、そのかみさまの言いたいことを、みんなに伝えたいと思ってるんです。

それで聖書のなかには、パンを増やしたり目を治したりとか、キリストが起こした奇跡がいろいろ書いてあるんだけど、そのたびに必ずキリストが言ってる言葉があるのね。

「この行いをほかの人には言わないでください」

これはすごく大事な言葉だなってぼくは思ってるんだけど、多分キリストはかみさまのためにやっていることだから、ほかの人に「私はすごい人ですよ」ってアピールしたいわけじゃないんだよ。結局は聖書に出てくる人たちがキリストのことをどんどんしゃべってしまって、どんどんキリストのまわりに人が多くなっていくんだけど。

逆に、自分が損するから請求しようっていうことはやめておいたほうがいいね。

たとえば交通事故に遭って法外なお金を請求するとか、誰かを訴えるとか、そういうことをしてると、せっかく「かみさま試験」でためてきたポイントがかえって減ってしまうことがあるから、気をつけるように。

「幸せになりたい」と思うより、大切なこと

「幸せになりたい、成功したい」って思ってるのは、まったく意味がないんだよ。

もし成功したら、感謝しかないじゃん。

だから、「幸せになりたい、成功したい」って思うより、「自分の問題をどうやって解決しよう?」って思って生きたらいいよ。

そのほうが、自然にいいことが起こるから。

「今やるべきことは何? 今やるべきことは何?」っていつも問いかけて、「かみさま試験」を解き続けることだよ。

そして、人はポジティブよりもネガティブで行動してるってこと。

ヤバイヤバイ、なんとかしなきゃって思うと、行動がものすごく速くなるでしょ(笑)。

かみさまは人間のその習性をよく知ってるから、キライな人や困っ

たことを起こして成長させようとするんだね。

こうなったらいいなってことも大切だけど、自分の今できることで、自分の気になってることを、なるたけ早く解決しようとしたほうがいいんだよ。

落ち込んだり悩んだり
できるだけしたらいい
ただ立ち上がる時は、
できるだけ一人で立ち上がると
その後の自信になるんじゃないかな

第2章

人間関係の「かみさま試験」

キライな人は、もう1人の自分

自分に与えられた問題を
ムシしてなかったことしてると　誰かが
「これ、おたくの問題ですよね？」って
わざわざ持ってきてくれる
それがキライな人だ
キライな人が持ってくるのは、元々自分の問題

迷った時こそ「正面突破」

生きてると理不尽になんかイヤなことされたり、急にイヤなこと言われたりします。

まじめに生きてても、イヤな目に遭う。

その時あわてるし、腹立つよね。

でもそれも必ずかみさまは見てるから、そこでどう行動するかっていうのが「かみさま試験」です。ここでうまく対応できたら、確実にポイントアップするよ。

難易度高いけど、絶対トライするといい。


たとえばぼくがサイン会をすると、ありがたいことにサイン待ちの列が2〜3時間できるんだけど、ある時、並んで待っててくれた人に、目の前で「私、のぶみさんのこと、キライなんです」って言われて、ビックリしたことがあるんです。

「すごくがんばって講演会をして、何時間もサイン会をやって、それでキラわれるってどういうこと⁉」

びっくりしたけど、とりあえずその人に「どういう仕事してるんですか?」「今気になってることってありますか?」って聞いたのね。そしたらその人はちゃんと答えてくれた。「上司でキライな人がいるんだけど、がんばって仕事毎日行ってる」と。

それを聞いて「ぼくはあなたのこと好きですよ」って言ったの。

「だって上司がキライなのにがんばって仕事毎日行ってるじゃんか。だからぼくはあなたのことが好きだよ。我慢しててエラすぎるよ。それで、もっと言うと、今ぼくに『キライ』って言ったあなたも……ぼくのことが好きだと思いますよ」

って言ったのね。

そしたらその人「えー!」って言ってたんだけど、「確かに好きかもしれない……」って言い出した(笑)。

そりゃそうだよね、「ぼく知ってるよ」って思って。だってサイン会の列に並んでるんだもん。本当にキライだったら並ばないじゃん、と思って(笑)。しかも講演会から来てるわけだし。それでこう言ったの。

「そうでしょ、ぼくはそう思ってたよ。ぼくも好きだし、あなたも好きだし、よかったじゃん、今日」って言って仲良くなりました。

ぼくは決して感情のない人じゃないから、イヤな人が来たり、人にイヤなことを言われた時は、ホントイヤなんだよ。腹が立って1回トイレに行ったりするんだよ。そこで深呼吸する。

だけど帰らない。がんばってキライな人にもう1回トライしにいくの。

ぼくは、「迷ったら正面突破」って決めてるんです。キライな人が来て、何かイヤなことを言われたら、「もう一歩踏み込んでやろう」と思ってて、イヤなことを言われたら、「なんでそんなこと言ったんですか？」って聞くようにしてるんです。

何冊も自己啓発本を出してるひすいこたろうさんと、小説家の森沢明夫さんの3人で講演会をして、サイン会になった時に、こんなことを言って帰る人がいた。

「私、ひすいさんと森沢さんはすごくよく知ってて大ファンだったんです。あなたのことはまったく知りませんでしたけどね」

ぼくはサイン会の時、1人ひとりの似顔絵を描いてあげるんだけど、その人の話を聞いて一生懸命似顔絵も描いたのに、最後の最後でそう言って、その人は立ち去ろうとしたのね。

それでぼくはサイン会の列の人を待たせてるんだけど、ダッシュでその人を追いかけていったの。

「ちょっと待ってください。ぼくのこと何にも知らなくていいんですけど、それで帰られると本当にぼくはイヤな気分になります。だからちょっとだけ、なんでそんなこと言ったのか話聞かせてもらっていいですか？」

って聞いたら、「ああ！　そんな意味じゃないです。今日講演会聞けてうれしくて、ファンになって、サイン会並んだんです。あ、私そのこと言いませんでしたか？」って言ってくれたのね。それで、聞いてよかったなと思った。そのまま帰ったら、ぼく帰り道で「なんだよあいつ」って恨んだと思います。こういうのも「かみさま試験」なんだ。

あと、講演会でずっと寝てる人がいたことがあったの。しかも最前列、ぼくの目の前で。

もちろん、眠い時は寝てもらって構わないんだけど、一生懸命しゃべってるぼくとしてはショックで。しかも地方の講演会だと、ぼくは東京から何時間もかけて行って、一生懸命やってるから、「寝てる！　どうしよう」と思って。悲しくなるじゃんか。

そうしたら講演会後の懇親会に、その人も参加してくれてたの。それでその人に話しかけに行ったんです。

「今日はありがとうございました。講演会どうでしたか」って聞いたら、

「すごいいい講演会でした。実は『しんかんくん』が大好きで、どうしても今日来たかったんです。でも私、１カ月くらい入院してて、１日15時間くらい寝ないといけなかったんです。だから今日の講演会もところどころ聞けたんですけど、どうしてもそういう症状が残ってて寝てしまったんです。でも、本当に聞けてうれしかったです」

って言ってくれた。

もしぼくがその人に思い切って聞かなかったら、「この人、なんか寝に来て、ぼくに嫌がらせするためにここに座ってるんじゃないか」って思っちゃったかもしれない。だけどよく聞いたら、絵本も持ってるし、サインもらうのもすごく楽しみにしてくれてたんだよね。

だから、キライな人だなと思ったら一歩踏み込むと、キライな人は好きな人に変わるかもしれない。人をあきらめないことだよ。

「迷ったら正面突破」でいったら、本当にいいことが起こるかもしれないよ。それでもキライなままかもしれないっていうこともあるかもしれないけど（笑）。

ちょっとがんばってもう一歩踏み込むことって、ものすごく怖いんだけど、これこそが「かみさま試験」なんです。

じゃあ、キライな人に対してもう一歩踏み込んでみても変わらなかったら、どうするか。もう一歩踏み込んでみて、もう1個聞いてみる。それでも「キライだな」っていう人だったら、ぼくは「ごめんなさい、キライです」って言う（笑）。

「ぼく、なんでキライなんだろうな。ぼくがダメなんだよね。キライなんだもん」って言って、相手が「えーっ!?」とか言ってるうちに、「ああ、なんか好きになってきた」ってなるよ。そこまでがんばってみてほしい。

人は、人をあきらめないと変わるから。

「怒られた」だけでは終わらせない

仕事の場面とかでは、「そこまで言わなくてもいいじゃん」っていうくらい、強く注意する人もいるよね。

こういう人は、過去に失敗したことが多い人なんだと思うんです。自分もさんざん失敗してきたから、「この人は失敗させたくない」と思ってるんだよ。だからちょっと強めに言っちゃうんだよね。あと、強く言わないとわからないと思ってるの。

それで、強めに言うと相手は「うるさいなあ」って思ってその言葉が届かなくなるから、さらに強めに言っちゃうんだよね。そのループになるから、やめたほうがいいよね。

一方、怒られた人の場合。

怒られた時の「かみさま試験」は「勉強になります」って言えるようになること。

そうして怒られてるだけで終わらせないことが大事です。

「こういうふうにしちゃダメだぞ」って怒られた時に、口答えしないで、「ありがとうございます、勉強になります。だけど私はちょっと頭が悪いので、もう少し詳しく説明していただけませんか」ってすぐに言えたら、「実は自分も過去にこういう失敗をしたことがあってね」って知らなかった話が聞けるかもしれない。

怒られてるだけにしてると、全身で腹が立っちゃうかもしれないけど、そこで質問すれば、一方的に怒られてることにならないよね。本当は相手も怒るだけなんてイヤなんだよ。質問されたほうが相手もうれしいんじゃないかと思う。

会話は自分1人で話さないほうがいいよ。会話をキャッチボールすると仲良くなれるんだから。

「自分ばっかり損してる」と思った時は

忙しい時って、「自分ばっかり大変だ」って思うことがありますよね。そういう時は人の力を借りればいいと思います。

「なんで旦那さんは手伝ってくれないの」とか「忙しそうなのに気づいてよ」とか「忙しいのを察してほしい」とか思ってちゃダメなんです。

誰も気づかないし、察してくれない。だってみんなそれぞれ一生懸命生きてるんだから。

それで自分がうまくいかないからって、「あの人が悪い」とか「この人が悪い」とかずーっと言ってたら、毒吐いてるのと同じです。それ、カメムシと一緒だから。

カメムシって臭《くさ》いにおいを出しますよね。カメムシをビンのなかに入れてフタして振ると、カメムシは臭いにおいを出すんだよ。その臭いにおいを嗅いだカメムシは、自分で気絶しちゃうんです。そういうカメムシみたいになっちゃうよね。

「あの人が悪い」とか「あの人がよくない」とか人を非難したり責めてばっかりしてたら、やがて自分の毒で自分が死んじゃうと思う。

人を呪う力っていうのは、人にはないんだよね。「あいつサイテーだ」って言ったら、自分がサイテーになるだけなんです。

誰かに言ってることが本当になって、今の自分に変わるんです。そのことを忘れないようにしたらいいんじゃないかな。

怒りはエネルギーに変えられる

ものすごく頭にきて、腹が立って仕方ない時もあると思います。それはぼくも感情的になってしまうタイプだから、すごくよくわかる。

でも、それを相手にぶつけるんじゃなく、違う方向に向けたら、ものすごいエネルギーになるんです。

ぼくの場合は、すごく腹が立ったら、絵本をガンガン描きますね。「腹が立ってる人が描いた本なんてイヤだ」っていう意見もあるかもしれないけど、でも描いたものは子どもを喜ばせるためのものだから。エネルギーっていうのは使い方次第だと思ってるんです。

頭にきて相手を傷つけるようなことをするよりも、そのエネルギーをためておいて、「じゃあ、あの仕事に向けてがんばろう。あいつを見返してやろう」って自分を幸せにする方向に活かすほうが、ぼくはものすごくエネルギーを有効活用できてる気がします。

たとえば許せない人がいて、「許せない」と思ってるのに、「じゃあ許します」って自分で思っても無理だよね。

だから「許せない」って思ったら許せないままでいいんだよ。でもその怒りのエネルギーの向け方を変えて、それで仕事や恋愛がうまくいったとしたら、「許せない人がいてよかったな」って思えるかもしれない。

そうしたら許せない人に対して「本当にありがとう」って思えるかもしれないよ。

もう1つ、ぼくの場合、許せない人がいたら、「どういうところが許せないのか」っていうのを紙に書きます。

それで、「自分はこういうことをしないようにしよう」って反省したり、目の前に許せない人があらわれた理由を考えたりします。これも「かみさま試験」だと思うから。「かみさま試験」っていうのは、こうやって自分で解くんです。時にはノートに書いたりして。そうやってると「なんで私はあの人のことを許せなかったんだろう。ああ、こういうことか」って気づくことがあると思う。

許せなかった原因に気づけて、それを知って勉強になったと思ったら、「こういうことに気づけないまま、このまま人生を送ってしまうところだった。あの人がいてよかった」って思えるかもしれないじゃん。

許せない人とかキライな人が出た時には、「あの人がいてよかった」って思うところまでが、実はゲームなんだよね。許しちゃおうゲームだ（笑）。

こう言うと、「じゃあ人生は修業なんですか？」って聞いてくる人もいるんだけど、人生は修業じゃない、ゲームなんだよ。

なぜなら、うまく問題をクリアすると、かみさまがごほうびくれるから。

「ドラゴンクエスト」とかでも、敵に勝ったらごほうびがもらえるでしょ。レベルも上がったりするよね。あれと同じ。

だからまずは「自分の抱えてる問題は何なのか」っていうのを理解すること。そしてそれをクリアすること。

それをちゃんと理解してる人は、必ずうまくいくよ。

「それでも、人にやさしくできますか？」

聖書って、実は世界中で50億万部売れてるベストセラーなんですよ。

そのなかでもキリストが一番伝えたかったことが、『ヨハネによる福音書』のなかに書いてあるんです。それは、

「互いに愛し合いなさい」

っていう言葉。

レオナルド・ダ・ヴィンチの「最後の晩餐《ばんさん》」っていう絵があるけど、あれには裏切り者のユダも描かれてる。そのユダが出て行ったあとで、キリストが言ったのが、この言葉なんだよ。キリストは、「これは私の遺言であり、命令である。『私がしたように、あなたたちも互いに愛し合いなさい』」って言うんだよ。

でもぼくはずっと、「互いに愛し合いなさい」っていう言葉が、どうも腑《ふ》に落ちなかったんです。

自分からは愛せるよ。だからぼくは「出会う人はみんな好きだ」って決めてるのね。それは、人を審査するみたいな目で見たくないから。

「この人がこういうふうに言ったからキライ」とか、「こんなファッションだからキライ」とか、人っていうのは審査するんだよ。でもそれは一番やっちゃいけないことだと思ってるんです。

それでぼくは「出会う人はみんな好きだ」って決めて「じゃあ好きな人だったらどういうふうに行動する？」って考えながら生きてるのね。

ところが、ぼくは愛することはできるけれど、向こうが僕のことを愛するっていうのは不可能だよね。「愛し合いなさい」ってキリストは言ってるけど、愛し合うなんか無理じゃんって思ったんだよ。

ぼくがさんざんやさしくしても、陰でいろいろ悪口を言う人だっている。ほかの人からそれを聞いた時、「すごくちゃんとやってるのに、こういうふうなことを言われるんだ」と思って、がっかりしちゃったことがあった。

でもぼくはそれでもなお、みんなにやさしくしようとしたのね。その時、気づいたんです。

誰かに陰口を言われたり叩かれた時は、「それでもあなたは人にやさしくできますか」っていう「かみさま試験」じゃないかなって。

「喜び上手」は「受け取り上手」

それでも人にやさしくしてると、もちろんイヤなことを言ってくる人もいるんだけど、ぼくのことを好きだって言ってくれる人も増えてきます。恋愛的な意味じゃなくて「のぶみさん、ファンになりました」とか、「絵本読んでみようと思います」とか、言ってくれる人が出てくるんだよね。

でもぼくは、それを言われた時に、受け取るのがヘタだったんだよね。

「ああ、ああ、ああ、はい(汗)」「あ、あ、ありがとうございます」くらいしか言えなくて。

誕生日近くに講演会をやった時には、突然暗くなって、みんなに「お誕生日おめでとうございます！」って言われても、「あ、ありがとう。ありがとう。ちょっと誕生日とはずれたけどね」って、テレ隠しでそういうことを言うことしかできなかったんだよ。

でもある時に、YouTubeでアメリカの子どもがクリスマスのプレゼントをもらった動画を見たんです。

その子のリアクションがもうすばらしくて。

「Oh, My God!」って走り回るの。「Oh, My God!　Oh, My God!」って言ってプレゼントを何度も見て、またさらに「Oh, My God!」って言ってひっくりかえって足をバタバタさせて、「Oh, My God!」の連発なんです。これは最高だと思った。

あとで詳しく話すけど、子どもっていうのはお母さんを喜ばせるために生まれてきてるんです。だからお母さんは喜ばないといけないんだよね。喜びベタじゃダメなんだよ。

だからぼくも、「あなたが好きです」って行動をされた時に、「ものすごくうれしい」っってことを伝えるようにしています。

サイン会とかではクッキーとか食べ物をもらうことが多いんだけど、その時にも必ず一口食べようと思って全部開けるんです。で、「ああ、これおいしい。本当にありがとうね」「高かったんじゃない？」とか言って、ちゃんとリアクションするようにしてます。

今のところ、ぼくにとってはそれが「互いに愛し合いなさい」になれてるんじゃないのかなとは思っているんです。

だから、人に何かをしてあげることはもちろん大事だけど、何かされた時にじゃあ自分はどうするか、っていうのが、すごく大事なことですね。

テレてたら愛は受け取れないってことだ。

赤ちゃんは、柔らかい
固いと人が近寄りにくいよ
自分に厳しすぎると硬くなる
赤ちゃんがいるだけで愛されるのは、
柔らかいから
柔らかい心の人は、みんなから愛される
正しいより楽しいがいい

キライな人は「自分のカケラ」

誰でも1人か2人は、キライな人、苦手な人がいると思う。

でもぼくは、自分が出会う人っていうのは、全部自分のカケラなんじゃないかと思ってるんです。

だから、キライな人が出てきたとしたら、何か自分のなかに人にキラわれる間違ったところがないかなって振り返ることが大切。それで自分を直すとキライな人は消える。

そして、実は自分にとってキライな人をクリアすることが、「かみさま試験」では、一番ポイントが高いんだ。

キライな人があらわれたら、「きたな、ラッキー!」って思ったらいいよ。ドラクエでいうと、メタルスライム的な人。貴重な人なんだね。

だってそんなキライになる人ってやっぱりいないでしょ。

それでね、キライな人は自分の一部なんだよ。出会う人はみんな自分の性格を細かく分けたカケラ。そういう人としか会えないようにできてる。

自分が短気なら自分より短気な人と会ってキライになるだけ。

出会う人すべて自分なら、大切にするといいよね。

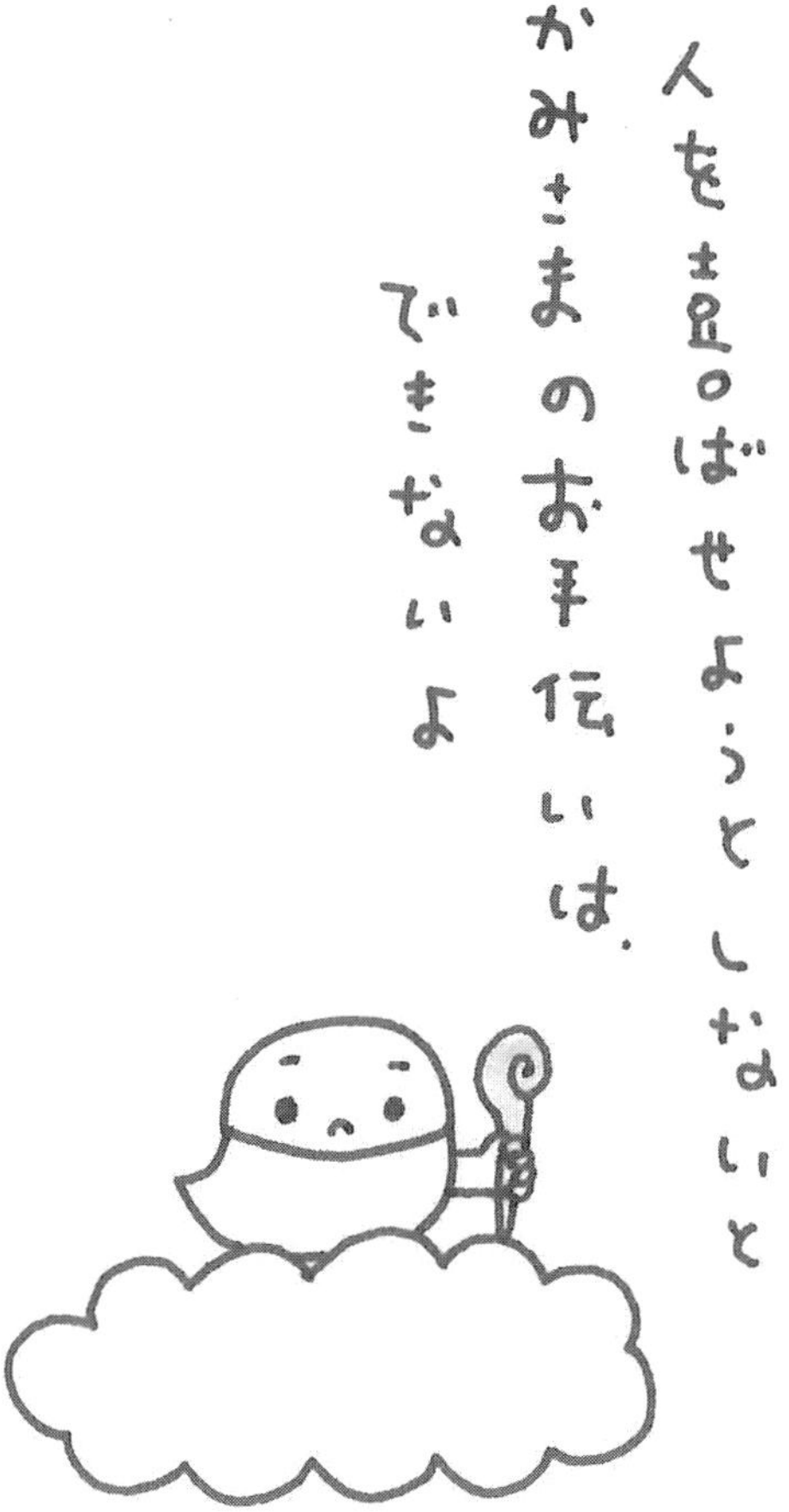
人を喜ばせようとしないと
かみさまのお手伝いは、
できないよ

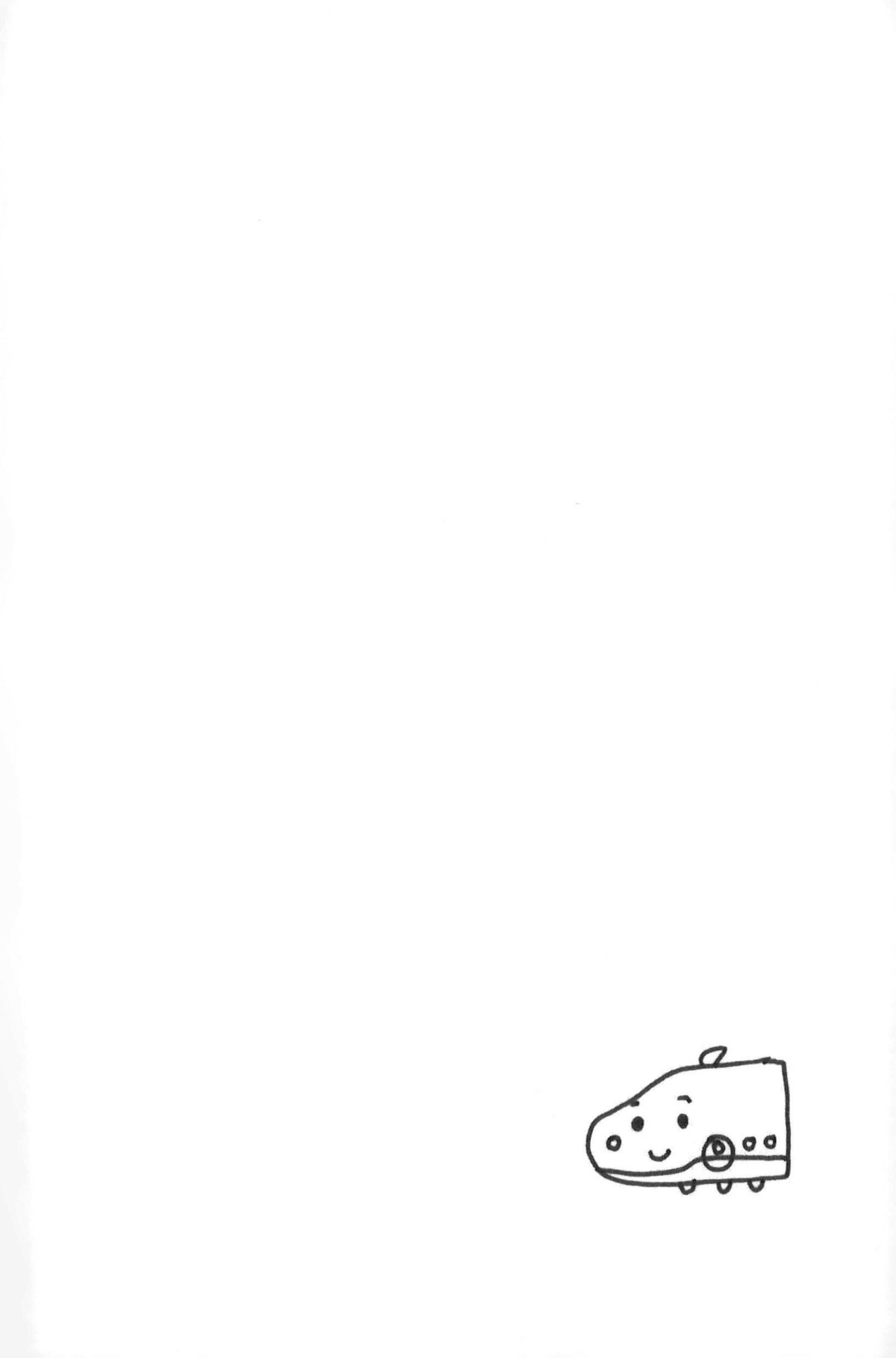

第3章

結婚・子育ての「かみさま試験」

本当の「好き」って、こういうこと

ウソをつくたんびに
言葉の力が弱くなる
言葉の力は、人を苦しめることも
喜ばせることもできる
自分を苦しめることもできる
言葉の力を強くするためには、
自分に素直になること
素直が一番光るよ

相手に期待しないほうがうまくいく

この本を読んでくれてる人のなかには、今好きな人がいる人もいると思う。

そういう人は、とりあえず相手に「好き」って伝えることだ。バカみたいと思われるかもしれないけど、心理学的にもそうらしい。

「好き」っていうのは自分の勝手じゃないですか。自分が自由にできることをまずやることが大切。

でもここで「好き。つきあって」っていうとまた話が変わってくるから、相手のこともあるし、とりあえず「好き」とだけ言っておく。それで、1カ月くらい放置するんです。

そうすると、相手も「あの人、自分のことが好きなんだ」と思ったりして、熟成期間があるから。お肉とかでもそうじゃんか、熟成したほうがおいしくなるんだよ（笑）。

だから1カ月間とりあえず「好きだ」って言って、「好きだ」って伝わるような行動をしたらいいんです。

なかには「愛されたい」って言ってる人もいるみたいだけど、ぼくはそれはよくないと思ってる。人に言うのもよくないよ。

だって、「愛されたい」っていうのは、相手次第だから。自分とは関係ないことを思ったって意味がないんです。それよりもどう愛するかじゃない?

同じように「幸せになりたい」っていうのも意味がないんだよね。なぜなら、「かみさま試験」をクリアしないと幸せにはなれないから。無試験で合格したら、あとでとんでもない目に遭っちゃうよ(笑)。


じゃあもし好きな人とつきあえることになったら?

恋愛の「かみさま試験」のなかでは、この時「相手に期待しない」っていうのが一番大切だ。

だって、一緒にいてくれるだけで十分じゃん? 一緒にいてくれるって、たとえば結婚して何十年も一緒にいてくれるって、これだけでものすごいことだよ。気が合う親友だってずっと一緒にいられないよ。しかも異性だし。

だから一緒にいて、「生きてるな。今日も息してるな」って思って、それでよしとしておけばいいんだよ。「ちっとも家事手伝いしない！」とか思わないことですね（笑）。

結婚してる人の場合、夫婦円満の秘訣は、この「相手に期待しない」っていうことと、ハグ（抱き合う）することです。家のなかで会うたびにハグする。これは自分も相手もものすごく変わるから、絶対したほうがいいと思う。

結婚生活は「期待しないこと」と「ハグ」、これに尽きます。これをやってでもうまくいかないっていう人は、もう仲のいい関係じゃないんだと思う。

ぼくが悩み相談をされる時、たまに彼氏や旦那さんの悪口を言う人がいるんですよ。でもそれはそもそも間違ってると思う。

だって、相手を選んだのは自分じゃん。キライなら選ばなきゃよかったんだよ。

これ、男の人の場合もそうだけど、ほかの人に自分の恋人やパートナーの悪口をバラまくくらいだったら、別れるなり何かしたほうがいいと思います。「自分が過去にしたことはダメでした」ってことをそこら中に言ってるのと同じだから、やめたほうがいいよ。悪口って自分がバカだってみんなに言ってるのと同じことだからさ。

あと、夫婦ゲンカをなくすには、1回相手を怒らせたら、その言葉を携帯電話にメモしておいて、2度とそれを言わないことだよね。そうしたら、相手を怒らせることがなくなるから。

相手を怒らせない努力をしなくちゃダメだよ。その相手と一緒にいたいならさ。

どうしてすれ違ってしまうのか

好きだと思って結婚したのになぜ、離婚してしまうのか。

これもぼくの考えだけど、人って成長するために生きてるんだよ。

ビルにたとえるとわかりやすいんだけど、1階、2階、3階、4階……ってあって、成長するたびに1階上がるんです。それで、結婚した時は3階だったとする。でも結婚してから仕事や子育てとかいろいろがんばってるうちに、自分のほうが成長する速さが上になったりする場合があるんだよね。

そうすると、相手は3階にいるのに自分は5階に来ちゃった。あんなにキラキラして素敵に見えてた相手が、ちょっと「まだまだだな」って思えて好きじゃなくなっちゃうってことがあるんだよね。つまり、階層が変わってしまう。

そうなった時に、相手をキライになっちゃったり、この人よりもっとキラキラしてる人、自分の目標になれる人を好きになりたいなと思って離婚したりするんじゃないかなと思う。


実は、好きな人っていうのは、未来の自分なんです。

だから、身近な人でも俳優でもアーティストでも、好きな人ができたら、「この人のどういうところが好きなのかな」って考えてみるといいと思うよ。言葉が丁寧だなとか、姿勢がきれいだなとかいったことでもいい。

それで、自分がその好きな部分を取り込んじゃうんです。たとえば本をたくさん読んでて話してると勉強になるなと思ったら、「じゃあ私も勉強しよう」とか、英語ができて格好いいなと思ったら、「英語を勉強しよう」とか。実はそれが自分の成長するポイントになってるんですよ。

逆にキライな人っていうのは過去の自分。

過去の自分って、恥ずかしいこともいっぱいやってるじゃん。自分は成長してそれを乗り越えてきてるのに、キライな人はそうじゃない。「まだこんなことやってるの。なんて愚かなんだろう」って思っちゃうんだよ（笑）。

もしパートナーのことがキライになったら、過去の自分だと思ったらいいと思う。過去の自分もそうしてたんだから、本当は相手を責めちゃいけないんだよ。

過去の自分と会うのは復習するため。かみさまが念のために「もう一度」って追試してくるんだよね。たくさん追試がきたら、お祈りして「かみさま、こういうことですよね。わかってます」って言ったらいいよ。かみさまは「こいつホントわかってんのかな？」って何度も同じ試験をしてくる時あるから。


女の人っていうのは、だんだん成長していくと、だんだん男の人になってくんだよね。これ、性転換するっていう話じゃなくて（笑）。

女の人がだんだん成長していくと、仕事が得意になったり、まわりの人とかを巻き込むパワーがついたり、男の人みたいな男性的な行動力っていうのがすごい出てくるんだよ。

起業するとか、お母さんたちを集めてイベントをやるとか、昔の自分だったらやらなかったようなことを、すごい勢いでやっちゃう。こういう感じは、ちょっと男性的になってきてるのかもしれないね。

それで、男の人も、成長すると女の人みたいになるんだよね。本来男の人は「これやっちゃえ！」って、バカみたいにうわーってやっちゃうんだけど、女の人みたいになるってことは、ちょっとまわりが見えてくるってことなんだよね。これ、35歳から40代くらいの時によく見られるんだけど、女の人が「格好いい人だな」って思う男の人は、ちょっと穏やかで、まわりが見えて気づかいもできる人だったりするんだよ。

だけど、女の人も男の人もこういうふうに変わることは、成長してる証だから、すばらしいんだよ。

本当は子どもに「育てられて」いる

今、子育て中の人たちのなかには、「自分ばっかり大変な思いをしてる」って思って毎日イライラしてる人もいるんじゃないかと思います。

どうしてイライラしちゃうのか。

まず、自分の思い通りにいかないからっていうのがあるよね。お母さんとしては、自分のところに生まれてきてくれたんだから、とにかくいい子に育てようと思ってがんばってる。ヘンな子だと思われたら私の子育てが失敗したって思われるのがイヤなんだよね。

でも、「子どもを育てる」「子育て」っていうけど、本当はお母さんが子どもに育てられてるんだよ。子どもはお母さんのことを育ててくれてるんだよ。

お母さんだってはじめての子育てなんだから、間違えるに決まってる。何百人も子育てした人だったら違うかもしれないけど、何百人もよその家の子どもを育ててる保育士の人でも、自分の子育てになると悩むっていうからね。

なぜかというと、子どものことが好きすぎるから。好きすぎてワケがわかんなくなっちゃうんです。子どもストーカー状態（笑）。

たとえば彼氏が浮気したとしたら、ものすごく怒るじゃん。

子育ても同じで、よその家の子どもが「こういう悪さしたんですよ」って聞いたら、「そうなんだ。すごいウケるね」とか言ったりするけど、自分の子どもがやったら、「ふざけるんじゃないわよ！」ってものすごく怒るんだよね。自分の子だから、他人事じゃなくなってるんだよね。

お母さんっていうのは、子どもに自分よりいい人生送ってほしいと思ってるんだよ。ぼくはそういう話を聞いて、『おこらせるくん』っていう絵本を描いてるんだけど、要するに子どものことが好きすぎるから怒ってるんだってことです。

子どもはママを喜ばせるために生まれてきた

子どもっていうのはお母さんにしつけられたいために生まれてきたわけじゃなくて、本当はママを喜ばせるために生まれてきたって、子どもたちから聞いたことがある。

それを『このママにきーめた！』って絵本に描いたんだけど、これは「胎内記憶」のある子ども100人に聞いて描いた絵本なんです。

「胎内記憶」っていうのは、生まれる前、お母さんのお腹にいる時のこととかを覚えてることで、この胎内記憶が残ってる子どもが意外といるんだよ。

それで、その子たちにいろんな話を聞かせてもらったんだけど、

「なんのために生まれてきたの？」

って聞いたら、

「そんなの、ママを喜ばせるために決まっててんじゃん」

って１００人の子に聞いたら、１００人全員言ってた。

なんでお母さんを喜ばせるために生まれてきたかっていうと、お母さんは子どもにとってはじめての対人関係になるからだね。お母さんを喜ばせたら、それが成功体験になって、幼稚園の友だちとか学校の友だちとか、お母さん以外のみんなを喜ばせようって思える人になる。

だからお母さんも、しつけるよりも子どもがしたことを喜んであげるといいんです。それで、悲しいと思ったら、悲しいって言ったほうがいい。

壁にうれしかったら「うれしかったシール」１つ貼って、悲しかったら「悲しかったシール」１つ貼っていってみるといいよ。子どもはママを悲しませることと喜ばせること、どっちがやりたいっていっていったら、絶対喜ばせるほうなんだから。

子育てで子どもがお母さんに愛情を感じる時って

いうのは、お母さんの気持ちが動いた時なんです。だからうれしくても悲しくても、子どもはお母さんの気持ちが動かせたから、すごくお母さんに愛されてるなって感じるんだよね。

でも、できたら喜ばせたいな、悲しませたくないなと思ってるのが子どもだから、ママはどういう時に喜んでどういう時が悲しいんだよっていうのを見せてあげるといいと思います。

なかには子どもがいる人で、離婚を考えてる人もいるかもしれないけど、ぼくは「絶対離婚したい。もう無理」とまで思ったら、未来のことは考えずに早めに離婚したほうがいいと思う。

なぜなら、子どもはお母さんを喜ばせるために生まれてきてるから。

お母さんが離婚してお母さんが悲しいんだったら、子どもは離婚反対だし、お母さんがお父さんと離れて幸せなんだったら、子どもはそっちのほうがいいって言うんだよね。これホントだから聞いてみるといい。

実は、離婚したらパパがいなくて寂しいんじゃないかっていうのは全然関係なくて、お母さんが喜べばいいんです。お母さんが楽しいっていうのが、子どもにとっては一番大事なことだから。

そしてお母さんのほうは、子どもに手間をかけてあげることです。コンビニエンスストアで買ったおにぎりだとしても、「あなたがシーチキンマヨネーズが大好きだから、コンビニ何軒も回って、シーチキンマヨネーズを探してきたわ」って言ったら、それだけで愛情がたっぷり感じられるものなんだよね。

あとは、遊んであげること。子どもはママに愛されてるなっていうのを何で一番カウントするのかっていうと、遊んであげることなんだよね。

子どもっていうのは面白いことにしか興味がない。面白いことが本当に好きなのね。ちなみに、だからぼくの絵本では前半笑わせるようにしてるんです。後半はお母さんが共感してくれるように、感動するようにしてます。

そういうふうにお母さんはできることをやって、どんな時に喜ぶかっていうのを子どもにわかるようにすると、子どももママを喜ばせることをどんどんやってくれるんじゃないかな。そして、何よりやさしい子に育ちます。

悪いところも「好き」って言えますか？

ここでぼくの人生についてちょっと話すと、ぼくのお母さんはキリスト教の牧師で、とにかく忙しい人だったんです。ぼくを怒ったりする人じゃなかったんだよね。お姉ちゃんには怒ってたんだけど、ぼくは怒られた記憶がないくらい、怒られなかった。

ぼくが小学1年生の時に、お母さんが甲状腺がんになるんです。

だからぼくはいじめられてる時も、お母さんに迷惑をかけちゃいけないと思って、ずっとお母さんに言わなかった。

だけどつらくて死にたいなって思って、2回自殺未遂したんです。でも、その時もお母さんには心配をかけると思って言わなかった。

中学の時学校に行かなくなって、引きこもりになってる時も、お母さんには何も言わなかった。お母さんはそれでも怒らなかった。お母さんの財布からお金を盗んだりした時も、お母さんは怒らなかったんです。

高校の時手をつけられないくらいの不良になって、警察に何回もつかまるんだけど、その時もお母さんは１回も警察に迎えに来なかったんです。未成年で警察に何回も引っ張られるのはよほどのことなんだけど、お母さんは来なかったのね。

ぼくは２０１６年『情熱大陸』ってドキュメンタリー番組に出たんだけど、最後はお母さんのインタビューだったんです。

それでインタビューアーの人がお母さんにその時のことをどう思うかって聞いたら、お母さんは「小学校の時は友だちがいっぱいいて、すごいいい子でした。高校の時は美術部でした」って言い出したのね。

ぼくは「いや、お母さん、何を話してもいいけど、ウソつくのはやめようよ」って言った。ぼくは小学校の時ものすごいいじめられてたし、高校の時にものすごく悪くなったから。

でも、お母さんは知らなかったんだよね、ぼくが言わなかったから。

それでぼくが「小学校の時に唇をかみ切ろうとしてたよね。だからぼく、まだ唇にこうやってアザが残ってるんだよ。お母さん、唇噛むのやめなさいってよく言ってたじゃん」って言って見せたら、お母さんは「あっ、そういえば唇噛んでた」って言った。

「それはタラコ唇っていじめられてたからだよ。あと、お母さんが買ってくれたスウェットのズボンあるじゃん。そのスウェットのズボン履いてる時、好きな子の前で脱がされたことがあったんだよ」って言ったら、お母さんは「ああ、そうなんだ」って。

そうしてぼくが高校の時に美術部だったって言ったのは、必修科目で音楽か美術を選ばなくちゃいけなくてぼくが美術を選んでたから、美術部だと思ってたらしい。

いや、目を背けてたんだよね。

そのあと、お母さんは「高校の時から絵本を描いてました」って言い出したんだよ。「いや、高校の時は絵本描いてないよ」って言ったら、「いや、あなたは描いてた」って言う。

それでわかった。お母さんはぼくのことを「この子はいい子だ」って決めつけてたんだよね。

でも、子どもとしては、「いいところと悪いところがあって自分だよ」って、知ってほしかった。

お母さんははじめてホントのことをぼくから伝えられて、ショックで次の日入院してしまった。あとからメールで『情熱大陸』っていうすばらしい番組で、あなたが悪かったこと、つらかったことをどうしても話したくなかった。ごめんね、お母さんダメだよね」と送られてきた。


人っていうのは2つなんです。いいところと悪いところがあって、人なんだよね。

だからぼくはなんでも差別するのがキライで、言葉でも「ありがとう」でも「バカヤロウ」でも、全部大好きだと思って生きてる。食べ物も「好きキライない」って言うんです。

なぜなら差別したくないから。キライなものとか好きなもので分けたくないから。

それは自分がやられてすごくつらかったからだよね。

このやりとりを見てたインタビューアーの人に、「のぶみさん、そういうお母さんを見て、今後どういう絵本を描いていこうと思いますか」って聞かれたの。

それで、「お母さんはぼくのことを光だと思ってたから、ぼくは光みたいな絵本を描けばいいのかな」って答えたんだけど、いや違うなと思った。それで、こう言い直したんです。

『いいところと悪いところがあって人なんだよ』って。『いい子に育てようとしちゃいけないんだよ』って。『悪いところがあってもあなたが好きよ』って言ってあげられる絵本を描きたいです」

子どもは「ああしなさい、こうしなさい」って、いい子になるようにばっかり育てられるけど、子どもにとって一番癒やしになるのは、本当は「あなたに悪いところがあっても、お母さんは好きよ」って言ってくれることかもしれないですね。

「そんなこと言われたら、子どもが人殺しになっちゃうかもしれないじゃないですか」っていうお母さんもいるけど、そうじゃないと思う。

「悪いところも好きよ」って言われたら、悪いところはちっちゃくなるよ。

ぼくはこれまで生きてきて、それを知っています。

おそうしきの時亡くなった人が
棺桶の上に座り
来る人をじっと眺めてるのを
子どもの頃にみたことがある
死んだ時に悲しんでくれる人が
何人いるかわかるよ
自分が死んだ時に悲しんでくれるのは
生きてる時に自分のことのように相手を
想いやれる人だったからだ
誰かが悲しい時に悲しめる人に
喜んでる時に喜べる人になろう

苦しい時にホントが見える

キリストの愛とかやさしさとは反対に、ブッダは苦しい時のことを言っている。

プラスじゃなくマイナスの方向になった時に、どうすればいいか。ぼくはブッダのそこが好きで、「そうだよな。苦しい時にホントが見えるよ」って思ってる。

いい時は楽しいから、みんな感謝もするし、「ありがとう」って言っていればいい。

だけど、苦しい時になると「あいつだけは許せない」とか「あいつだけは呪ってやる」って気持ちが出てくる。それが人間のホントのところだよ。

自分が一番苦しい時に、一番かみさまは見てるよ。

苦しい時の自分がホントの自分。

愚痴を言ったらラクだよね。人を責めたらラクだよね。
でもやせ我慢して何度も歯を食いしばって前向こうとしたらいい。
一番苦しい時にやせ我慢して格好いいことを言ってる人にだけ、先
に光が見える。

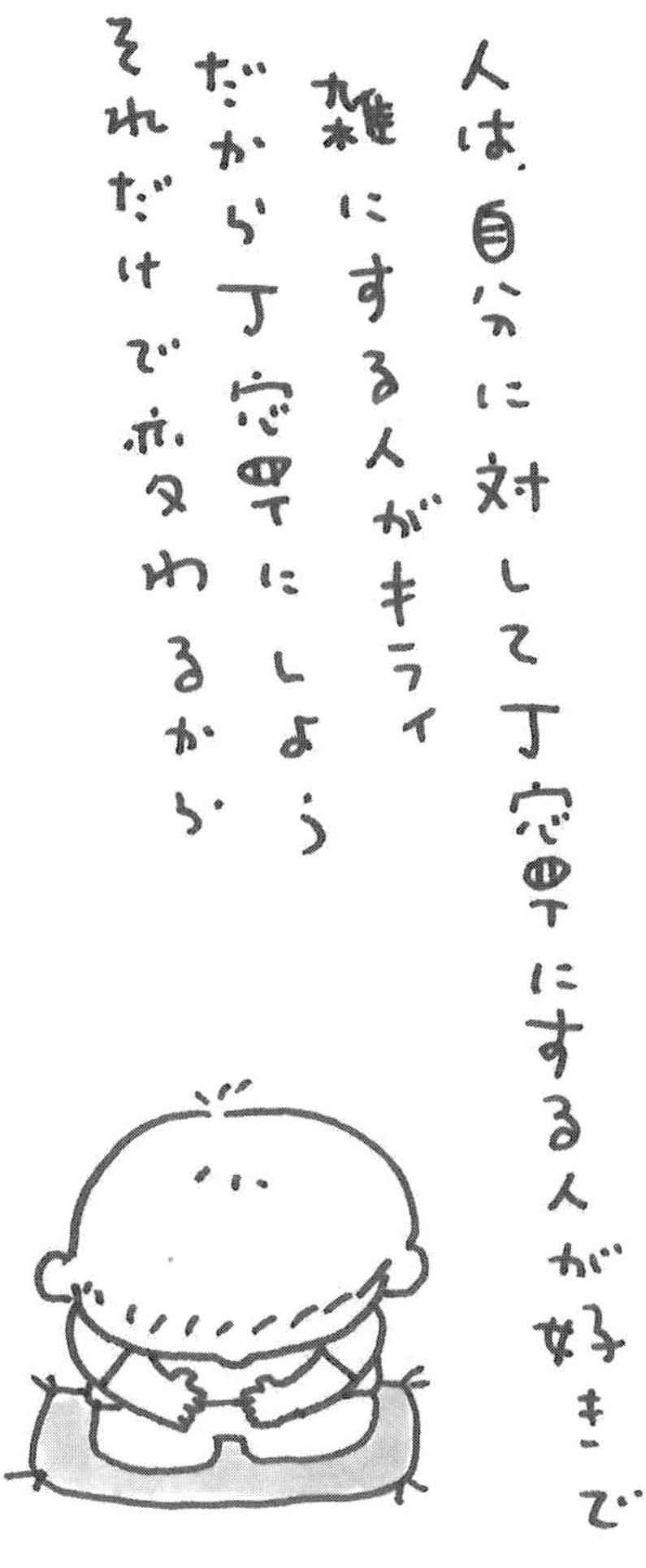
人は、自分に対して丁寧にする人が好きで
雑にする人がキライ
だから丁寧にしよう
それだけで変わるから

第４章

仕事・人生の「かみさま試験」

自分を磨けば願いは叶う

こりない人でいたい
それやめた方がいいって言われたら
「本当にそうなのかな？」って
自分でたしかめる人でいたい
誰かが「まだそれやってんの？」
ってビックリした時に
世界は、変わるような気がする

「自分にできることをやりなさい」

　ぼくは絵本作家になりたいって言って、実際になれたんだけど、ここに来るまでは決して順調じゃなかった。

　よく「絵本作家になりたい」っていう人がいるんだけど、「出版社に持ち込みとかってどうやってやるんですか」って聞いてくるんです。

　実はこれ、絵本作家になりたいっていう人が、まずはじめに間違うパターンなんだよ。初心者の人が、絵本1冊描いて、1冊めが本になるわけないよね。たとえばサッカーのボールを買ってもらったばかりの小学生が、ワールドカップで勝てるかっていったらそんなわけないじゃん。

　絵本が1冊描けたら、まわりの友だちに見せるんだよ。絵なんか描いたことのない友だちからは、「えー、絵本なんて描いてるんだ。私、絵描ける人尊敬する！」とか言われるかもしれない。それで成功体験が1になるんです。

そうやってバンバン友だちに見せて、「私、こういうふうになりたいんだ」って夢を語るのね。「夢なんて語るの恥ずかしい」とか言ってる場合じゃないんだよ。

そうして作品ができたら、毎回みんなに見てもらう。「このなかでどれが一番面白い？」って意見聞いて、自分のなかのランキング1位を決めるんだよね。1位が決まったら、その1位よりさらにいいものができないか考えればいい。

その1位より上になるかを、ずーっと続けていく。それが自分のなかの自己ベスト。そうやって自分のなかの自己ベストを更新し続けていけばいいんだよ。

これは絵本だけの話じゃなくて、なんでもそう。自分ができそうなことを、一生懸命やることです。それでできないことなんてない。

かみさまは「自分にできることをやりなさい」って言っているけど、できないことをやりなさいとは言ってないから。

自分にできそうなことを一生懸命やってると、かみさまは「なかなかいいじゃん」って喜んでくれるんです。

「やりたいこと」の前にあらわれる3つの壁

ぼくが「絵本作家になりたい」って思ったように、好きなことややりたいことがある人もいると思う。

でも、好きなことをやろうっていう時、必ずいくつか壁が出てくるものなんです。

たとえば親が公務員で、自分は画家になりたいとする。「画家になりたい」なんて言われても、公務員の親はやったことがないから不安でしょうがない。食べていけないだろうし。それで、「お前なんかどうせムリだろう」って怒られる。

でも親が、好きなこと、やりたいことに反対した場合は、絶対やったほうがいいです。

これは王道だから。

映画とかでもよくあるじゃん。親が「絶対お前のすることには反対だぞ!」って言って、子どもが「お父さんのバカ！」って外に逃げてくシーン。親に反対されるっていうのは好きなことをやる時の「あるある」だから、「お父さんなんてキライ！」とか言って、ドラマチックに壁を越えたらいいと思うよ（笑）。

親の壁を越えたら、今度は友だちが「それでやっていけるの？」みたいな反応をする。そうしたら、応援してもらえるようになるくらい、自分のやってることをバンバン友だちに見せまくるといいと思います。そしたら友だちも気づくよ、「こいつマジじゃん」って。

でも結局、最後の壁は自分なんです。「それで食べていけないかもしれない。自信がない」ってやめちゃうんだよね。それで夢をあきらめる人になるんだよね。

だから、まず親に反対されてもやめない。「それでも私はやりたいの」って言って最初の壁を突破する。

次に友だちに「それ食べていけないんじゃないの？」って言われても、「それでも私はやりたいの。お金とかじゃないの。やりたいことやって生きていきたいの」って突破する。なんかドラマチックになってきたよね。自分に酔ってください（笑）。

最後に「やりはじめたはいいけど、なんか全然うまくできない。理想とはほど遠い。

このままじゃ食べていけない」って自分で思っても、「それでも私、やります」って突き進んでいく。

これが好きなことをやる時にあらわれる、〝3つの壁〟なんです。

4つめの壁を乗り越えるには

この3つの壁がクリアできると、ちょっと珍しい人になってきます。

ここまで来たら、たとえば絵本作家になりたい場合は、出版社に持ち込みします。

ここで出版社にボロクソ言われてやめるっていう人も、なかにはいるかもしれないけど。

それでも「私やります」って言ってやると、さらに珍しい人になってきます。実は

これ、珍しい人になったもの勝ちのゲームなんだよね。珍人間勝ちゲーム（笑）。

たとえば、ぼくが絵本作家としてデビューが決まったのは、2年間いろんな出版社

に持ち込みし続けて、３００冊自作絵本を描きためた時でした。

でもその出版社からは「絵本賞っていうのをやってるので、そちらのほうに作品を郵送してください」って言われたの。

だけど、ぼくは絵本の賞に応募したら、ダメだった時自分がなんで落ちたのかわからないから、「いや、ぼくは賞とかに送りたくない人なんですよ」って言ったんです。そうしたら出版社の人は、「え、どういうことですか？」って聞いてきた。もはやマニュアルにないから。

「ぼく、どうしても面と向かって見てほしい人なんですよ」って言ったんだけど、そんな人なかなかいないじゃん。出版社の人は、「でも、とりあえず賞のところに送ってくださいとしか私は言えません」って言った。

そこでぼくはまたさらにねばって、「じゃあ、あと3回電話かけていいですか？ 名前教えてもらっていいですか？」って聞いたの。

「どうしてもぼくは絵本作家になりたいんです。3回同じ電話して、3回断られたら、それはもうご迷惑かけたなと思ってあきらめます。でも3回までは許してもらえませんか？」

そしたらようやく出版社の人があきらめて「じゃあ見ます」って言ってくれたんです。ぼくはこれまで２００冊絵本出してるんだけど、依頼されて描いたのは2冊くらいで、あとは全部自分の持ち込みでやってるのね。

子ども番組でアニメもやってるんだけど、これも実はぼくの持ち込みです。最初に電話した時、プロデューサーの人に「うちでは、アニメの持ち込みはやってません」って言われたのね。でも、ぼくは電話越しに「ぼく描いちゃったもんなー。あっちゃー」って言ったんです。その時すでに企画案で１０００枚以上描いてたから。

「えっ、描いちゃったんですか？」

「ぼく描いちゃいましたよ。もう１０００枚以上あるんですよ、ここに。これを見せるために、もう半年くらいやり続けたんですよ。あっちゃー。あー、いたた」って言ったんです（笑）。

そうしたら、「じゃあ見ます」って言ってくれた。

これが４つめの壁なんです。たいていは、そこまで行く前にやめちゃうんだよ。ただしこれは恋愛でやったらダメ。相手に断られたら、それはもうしょうがないよ。すっぱりあきらめたほうがいい。代わりに次の時にそれを活かしたらいいよね。

でも仕事の場合、割と日本人はやさしいから、ちょっと粘ったらいけることがある。
これ、覚えておくといいと思います。
最後のひと押しって、絶対大事だから。
やり方がわからないことは、わからないなりにやることが大切なんだよ。

「かみさま試験」はだんだんレベルアップする！

好きなこと、やりたいことをやる時の「かみさま試験」には、3つのステップがあります。だんだんと「かみさま試験」のレベルが変わっていくんです。

●第1ステップ――自分の好きなことをやり続ける

まずは、自分の好きなこと、得意なこと、これだったらいくらでもできるっていうことをやりまくること。

そうやってるうちにあらわれる壁を、「それでもやります」「それでもやります」ってバンバン越えて、５個から10個くらいの壁を越えたあたりで、もう異常なテンションの人になってるからね（笑）。

かみさまが「しょうがないな。そんなにやりたいなら、やらせてあげるよ」って、何かしら「ピンコーン」っていう合格サインをもらえます。たとえばぼくだったら、本が人気になるとか、会いたい人に会えた！　とかですね。

それで、ここが１人でやれるところまでの第一段階なんです。

●第２ステップ――みんなの力を借りる

「ピンコーン」が出て「やったー！」って思っちゃうんだけど、実はここですぐ行き詰まっちゃうんだよね。今までやってきてうまくいった時のやり方でまたやればいいやと思うと、今度はうまくいかない。

なぜなら、人生は成長するために生きてるから。

だから、前に「ピンコーン」をもらった時と同じやり方をしてると、かみさまは「それは自分の成長にならないからやめなさい」って合格を出してくれないんです。

たとえば、宮崎駿さんのアニメだとしたら、『となりのトトロ』がヒットした、じゃあ次何やる？　ってなった時に、「今度も『となりのトトロ』みたいなのをつくろう」って思ったらうまくいかないんだよ。それは「成長しないからうまくいかない」の法則なんだよね。

つまり、「自分史上初」っていうことを絶えずやり続けた人がうまくいく。今まで1人でやってきた人は、今度はみんなの力を使わないとうまくいかないんです。

これはぼくの場合なんだけど、今60万部までいってる『ママがおばけになっちゃった！』シリーズの絵本は、ラフ（下絵）の段階で1年間、講演会とか出会う人みんなに読み聞かせをしまくったのね。

それで、読み聞かせをするたびに、「ここは反応悪いな」っていうところをどんどん直していった。だから1000回以上直してるのね。これが、みんなの力を使うってことなんです。人の反応見るのは、1人じゃできないでしょう。

ただし、ぼくが今絵本を描く時に注意してるのは、8割までは自分が「これで絶対いいな」と思うところまでやる。逆に言うと、8割にいくまで人の意見を聞いちゃダメなんです。

8割までやって自分のなかでいけると思ったら、2割は人に聞く。自分が1割くらいちょっといいなって思ってる時、はじめからみんなの意見を聞いちゃうと、自分も自信ないからグラグラしちゃうんです。はじめから人に聞いたらダメなんだね。

話を戻すと、なんでみんなの力を借りるかっていうと、かみさまが「みんなの力を借りなさい。みんなが1つだと思いなさい」って言ってるから。

地球上にはこんなにたくさん人がいるけど、もし1人で全部できるんだったら1人でいいじゃん。でもこんなに人がいるってことは、自分の得意なことは自分でやって、自分が得意じゃないことは人に頼らないといけないんだよ。

たとえば、髪切る時はみんな美容院に行く。それは自分が髪を切るのが得意じゃないからだよね。

水を飲むのも、料理つくるのも、人の力を借りなければ生きていけないんだよ。だから、そういうふうにみんなの力を使って生きていくことが大事なんです。

自分が自信のあることでも、どうやったらみんなを巻き込めるか、を考えなきゃいけない。

●第3ステップ──忙しくても走り続ける

第1ステップは、とにかく好きなことを壁を突破しながらやること。

第2ステップはみんなの力を借りること。みんなを巻き込むこと。

それを続けていると、なぜか人気者になって忙しくなってきます。それが第3ステップです。毎日毎日やることが目白押しになって、めちゃくちゃ忙しくなるんだよね。「かみさま試験」をどんどんクリアして、いいことがあって、幸せになるって一瞬なんです。それを過ぎると忙しくなって毎日毎日仕事に追われるんだよね。

忙しいと心身ともに疲れちゃって、忙しいのをやめようとしちゃうんだよ。でも、それじゃダメなんです。

これは先輩で『あらしのよるに』っていう絵本を描いたきむらゆういちさんに教わったんだけど、「のぶみ、忙しくなった時に、忙しいのやめたらダメだぞ。忙しい時ほど、人がいる場所に行くんだよ。だってみんな忙しい人が好きなんだから」って言われたんです。

実際、きむらゆういちさんは『あらしのよるに』が映画化された時、忙しいのにぼくのちっちゃい個展まで来てくれたんだよね。その時すごくうれしかった。だからぼくも「忙しい時ほどみんなにやさしくしよう」って思ったんです。

忙しいと毎日の仕事が多くなっていって、目の前の仕事しか考えられなくなってくる。未来のことが考えられなくなってくるんです。すると「今を生きる」ってことを感じられるようになっていきます。

体感しか経験にならないから、忙しい時でも丁寧に生きるしかない。だから「今」だけを一生懸命にやって生きていくっていうのが一番大事なところです。そうやって目の前のことに一生懸命になってたら、頭のなかがからっぽになるよね。その時にかみさまが「こうしたらいいよ」ってひらめきをくれるから、忙しいのをやめたらいけないんです。

ぼくも忙しいのをやめないために、最近は筋トレをしてるのね。筋トレをすると体が元気になるでしょう。筋トレをして毎日忙しく仕事をしてると、疲れ切ってぐっすり眠れる。だから、また明日から健康でがんばっていけるんです。

それで、忙しすぎてイヤになったら、今度は休む「かみさま試験」がくる。忙しいのに休めないよ！　と思ったら、休んでください。そういうエイヤ！　って思わないとできないことをしてくのが、「かみさま試験」だからさ。

「人から応援される自分」になる

仕事でもなんでも、忙しいからってとりあえずで流すのは絶対やっちゃダメです。1つひとつをとにかく一生懸命やるんです。

まわりの人が何を見てるかっていうと、実はうまいかヘタかは見てないんです。

ぼくがテレビに出ることになった時、テレビ収録なんかどううまくやったらいいのか全然わからなかったんだけど、台本は本当に何時間も一生懸命読んできた。でも、台本を覚えたのに、本番でかんじゃったり間違ったりするの。

だけど一生懸命にやるのね。ここでちょっと面白くなるかなと思ったら、恥かいてもいいからなんかちょっと言ってみたりして。そうしてると、ヘタくそだけど、「そこまでやってくれてありがとうございます」ってみんなが拍手してくれる時があるんです。

少女漫画とかもそうですよね。ぼくが少女漫画で面白いなと思ったのは、たとえば野球漫画なのに、彼氏が甲子園で優勝してるシーンとかがないんだよ。代わりに甲子園に向けてどうがんばってるかっていう彼氏を見せるんだよね。

多分女の人って、結果なんかどうだっていいって思ってる。結果じゃなくて、その人が一生懸命やってるかどうか見てるんだよ。

これって頭がいいなと思うんだけど、たとえば野球を一生懸命やる人は、ほかのことも一生懸命やるかもしれない。女の人は、「あんなに一生懸命やる人だったら、結婚しても仕事も一生懸命してキチンと家庭を守れるんじゃないか」って本能で思うんだよ。

逆にダメなのは、なんにもしない男の人。なんにもしない男の人を「だめんず」とか言ったりするけど、その人たちは応援しづらいよね、やっぱり。応援しやすい人になることが大事だと思います。応援しやすい人は、何をしたいのか明確な人。

ぼくの場合は夢を決めて、みんなに伝えます。「ぼくは国民的キャラクターのアニメをつくって、そのグッズが売れたお金で世界中の子どもを救い続けたい」って。そうするとみんなも応援しやすいよね。そんでそれやります。

自分はどこを目指してるのか、わかりやすくすると、かみさまもみんなも応援しやすくなるんじゃないかな。

「かみさま試験」の第2ステップで「みんなの力を借りる」って言ったけど、自分の悩みを人に話すって、勇気がいることだと思います。

キラわれないかな、ダメな人と思われないかなってドキドキする。だから、これも1つの「かみさま試験」。

悩みっていうと、みんな人間関係とかが多いけど、ぼくの場合は絵本のことが一番の悩みだった。でも、人間関係の悩みじゃないし、なかなかみんなに言えなかったんだよ。

それでも勇気を出して、「ぼくは絵本でどうすればいいのか、どうやったらもっとみんなに喜んでもらえるのか悩んでるんだ」って言ったら、みんなものすごく親身になってくれたんだよね。その時にぼくははじめてみんなに「ありがたいな」って思ったんです。

その後『ママがおばけになっちゃった!』がベストセラーになった時に、みんなと打ち上げをしたんだけど、その時にはじめてぼくは本気で「ありがとうございました。みんなのおかげです」って言えた。

それが人生で最初の「ありがとうございます」だったような気がする。

単に感謝しなさいっていう話じゃないんだよ。ただ挨拶みたいに「ありがとう」って言うんじゃなくて、「本当にみんなの力を借りたなあ。ありがたいなあ」って心の底から思えたのは、自分が一番悩んでることを話して助けてもらったからかもしれない。

だから本当の「ありがとう」を言うためには、自分が一番苦しいこと、悩んでることを人に話すことだよね。

そうやって、仕事でもなんでも、みんなの力を使って解決していけばいいんです。

ちなみに「ありがとう」を何百回、何千回も1人で言ってると感謝の気持ちがわき上がるとか、自己啓発の世界ではよく書かれてるけど、何の意味もないと思う。

それは心を込めてないから。

本当に心がこもった言葉じゃないと、言葉の魔法は使えないんだよ。

答えは2つ？　それとも1つ？

人間っていうのは2つなんだよ。いいところと悪いところがある。

でも、かみさまは、いつも1つ。光のみ。

人間がかみさまみたいに1つになるためには、一生懸命生きることだよ。一生懸命生きて、何かがひらめいたら、すぐそれに対して行動することだよね。

そうやってるうちに、1つになっていく。光に近づくんだろう。

素直が一番光るよ。

つらかったらつらいでいい。悲しかったら悲しいでいい。「悲しいのに我慢しよう」は2つになってんだよ。

1つになろう。悲しいなら悲しいでいい。

人間はまわりの意見に左右されるから、そんな当たり前のことができなくなる。

よく見せようとしなくていい。
ダメに見せようとしなくていい。
そのまんまが最高。
人ってね、自分が思ってるより、ずっとずっと最高なんだよ。
自分の気持ちにウソつかない人生を送るといいよ。
それがかみさまみたいになる、たった１つの方法だから。

光になろう。

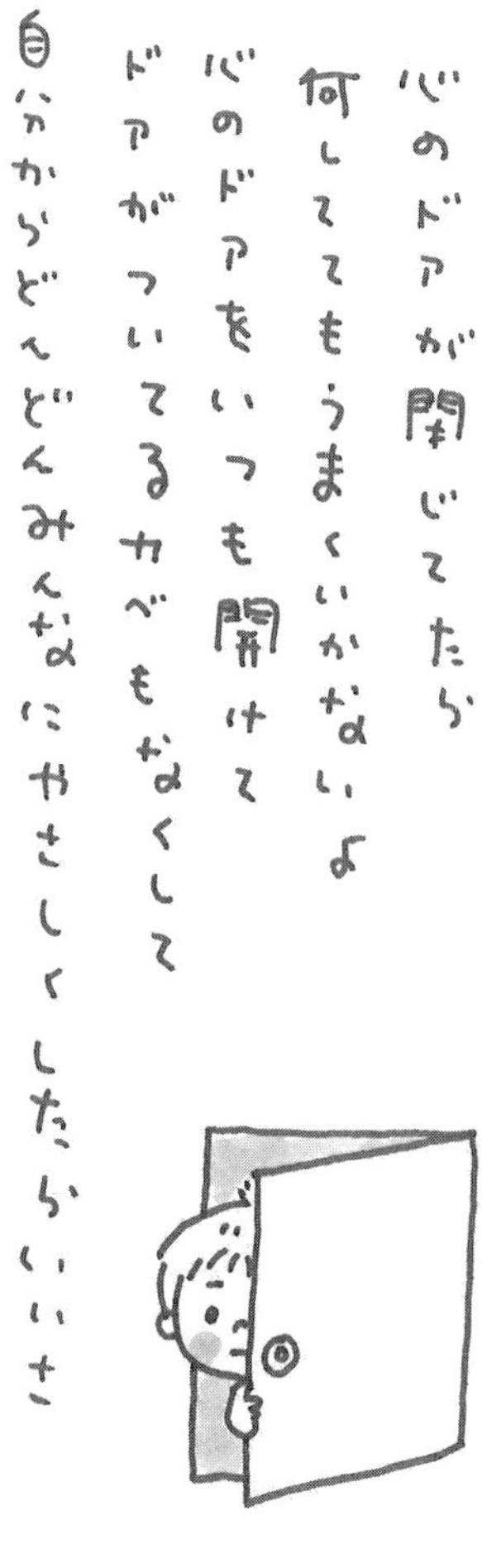
心のドアが閉じてたら
何しててもうまくいかないよ
心のドアをいつも開けて
ドアがついてるカベもなくして
自分からどんどんみんなにやさしくしたらいいさ

第５章

かみさまの声を聴く方法

「見えない世界の人たち」からのメッセージ

今の自分は、
自分史上過去最強
前にヒドく悲しいことがあっても
乗り越えられたのは、
自分のチカラがあったから

「生まれる前の約束」を覚えている子どもたち

これまで「かみさま試験」について話してきたけど、この章ではちょっと不思議な話をしたいと思います。

こういう話は、好きな人はそうだなと思ってくれたらいいし、違うなと思ったらそれで全然構いません。ぼくは絵本作家だから、絵本を聞いてるみたいな感じで読んでほしいなと思います。

前にもちょっと胎内記憶の話をしたけど、はじめはぼくも信じてなかったんです。胎内記憶のことも知ってたんだけど、ちょっと疑わしいと思ってた。

でもお腹のなかにいた時の記憶がある子にはじめて会った時、その子は2歳だったんだよ。２歳の子がウソつかないよね、と思って。

そのほかにも胎内記憶がある子、結構年齢のいった子とも会ったんだけど、みんな言うことが同じなんだよね。「雲の上でママを選んだ」って言ってて。

実はこれ、日本だけじゃなく世界中同じらしいのね。小さい子どもたちがインターネットとかでつながってるわけじゃないから、多分本当のことだと思う。ぼくは子どもたちが言ってることはホントだと信じてるから。

その子どもたちが言うには、空の上にはいろんな子どもたちが生まれる順番を待っているそうです。

そのなかに天使とかかみさまとか大仏みたいなのもいるんだけど、１人でっかいかみさまみたいなのがいて、お母さんのお腹に入る前に「どういう人生にする？」ってそのかみさまに聞かれるんだって。

それで、自分で大体人生のあらすじを決めて紙に書くらしいんだよ。ぼくだとしたら「いつ生まれて何歳で結婚して絵本作家になります」みたいなことを書くんだけど、もっと詳しく人生のあらすじを決めてるらしい。だけどそれは厳密に「ここでこういうことをしゃべります」とかまでは書いてないらしいのね。人生の台本じゃないんだよ。

あくまであらすじ。

そうして自分で全部あらすじを決めてくるんだけど、生まれた時にその衝撃に驚いちゃって、忘れちゃうらしい。でも自分の人生のことは、本当は自分が決めてきてる。思い出すように生きてるんだ。


実は「かみさま試験」でいうかみさまっていうのは、どうやら自分の決めてきたあらすじのことかもしれない。

かみさまってなんでもわかる人みたいに言うけど、それは全部自分が決めてきたことだからなんだよ。言ってることとわかるかな？　ここ、伝わるといいな。「自分で決めてきたこと」がかみさまなの。

胎内記憶のある子のなかには、未来のことがわかる子が結構いるんです。なんで未来のことがわかるかっていうと、生まれる前に雲の上で決めてきたから。自分がこれからやること、未来のことを知ってるに決まってるんだよね。

普通の人でも、自分の頭をからっぽにすると、雲の上で決めてきたことをはっと思い出すんです。思い出して「あ、こうすればよかったんだ」って言うんだよね。だから、

「気づき」って言うじゃん。

「気づき」って、もとから知ってることを気づいてるってことですよね。まったく知らなかったことがわかった場合は「発見」って言うはずだよね。でも「気づき」って言うんだよ。「こういうことだったのか」って気づくじゃん。

ということは、みんな生まれる前に自分のやることを決めてきてるんだけど、なぜうまくいかないのかっていうと、ほかの人と比べたり、まわりの人に言われたこととか、一般的にはこうしたほうがいいとか、そういう外のことに振り回されて、せっかく自分の決めてきたことをわからなくさせてるんです。

だから、自分の決めてきたことにまっすぐ向かっていく人のほうが、うまくいくに決まってるんだよね。

あと子どもたちが言っていたのは、雲の上でもビルの1階、2階、3階……みたいに、成長してる人と成長してない人の差が出るってこと。それでこの世に行って成長したら3階の人が4階に上がって、っていうのを繰り返してるらしいです。

そして生まれる前に雲の上からマルを1個だけもらえるらしい。そのマルには、走るのが速いとか、絵がうまいとか、顔がきれいとか書いてあって、これがいわゆる長所になるんだね。長所も自分で選んで生まれてるんだよ。よって、いいところがない人は、いない。

前にも言ったけど、子どもたちはママを喜ばせるために生まれてきたんです。だからママは一般的ないい子に育てたらダメだよ。子どもが選んだマルを伸ばす育て方をしたらいい。

マルを殺す育て方は簡単。ママが一般的ないい子に育てることです。

「あれやりなさい」が多いと、マルはどんどん小さくなり、やがて子どもは自分のマルがなんだったかも思い出せなくなるでしょう。一般的な子にして、ママが安心するために子どものマルをつぶすんだね。

そんなことがあっていいのかな？

子どもたちはママを喜ばせるために生まれてくる。それはママがはじめての人間関係になるから。

ママを喜ばせられたら、ママ以外の人も喜ばそうとするのが子どもたちです。

この話を絵本『このママにきーめた！』にしたら、大ベストセラーになりました。ぜひ読んでほしいです。

ぼくも妖精に会いたい！

もう1つ、もっとヘンな人って思われるかもしれないけど、妖精を見た時の話をしますね。

ぼくの友だちで女性の絵本作家がいるんだけど、その人が子どもを連れてぼくの家に遊びに来てくれたことがあったんです。

その子がぼくの家の庭を見て、「この庭って面白いね」って言ったんです。それで、「何が面白いの？」って聞いたら、「妖精がいる」って言い出した。

ぼくは北欧とかヨーロッパには妖精っているのかなって思ってたけど、まさか練馬区にいるとは思わなかったからびっくりして。都会だし、なんとなくいなさそうじゃん。

「え、練馬区に妖精がいるの？」って言ったら、「いるよ。3匹いる」って言うから、「それ、どんな妖精かわかる？」ってスケッチブックを渡してその妖精を描いてもらったのね。「こういうふうなやつだよ」って描いてくれたんだけど、その子がどうしても妖精を見ながら描いてるとしか思えなかったんだよ。

それで「妖精ってどうしたら見えるの？」って聞いたら、「そんなのまばたきするくらい簡単だよ」って言うの。まばたきするくらい簡単って言われても、ぼくにはどうしても見えなかった。

それ以来、ぼくも妖精が見たいと思って、講演会でいろんなところに行くたびに、その近くのパワースポットに必ず寄って、妖精がいそうな場所をじーっと探すようになったんです。そうして「見えてくれ、見えてくれ。ぼくがわかるようになんか見せてー」ってずっと頭のなかで問いかけ続けた。

おかしい人って思われるかもしれないけど、僕は絵本作家だからそういうのを見てみたかったんだよ。見えない世界が見えたら、もっと楽しくなるじゃん。

日本全国、何カ所も行って、それを半年くらい続けた。

そうしたらある時、ぼくの目の前に妖精があらわれたんです。

とうとう妖精があらわれた

鎌倉のあるお寺に行った時のこと。竹林のなかを歩いてる時に、透明な妖精がカエルみたいに、ピョンピョンピョンって飛んできたんです。

でも、はっきり見えないんだよ。人のことをじーっと見てて、ぱっと空を見るとそこに人の残像が写ったりするじゃん。ああいう残像みたいな感じなんだけど、透けてるし人型だから、カエルじゃないっていうのはわかった。

大きさはだいたい5㎝くらいで、帽子をかぶってるんだよね。耳はとんがってて、足はカエルみたいな感じなの。

一緒にいる友だちに、「これなんかいるね」って言ったら、その人は「いや、なんにもいないけど」って言う。それでぼくにしか見えてないんだって知った。

それで、ぼくはその妖精に対して、頭のなかで思うんじゃなくて話しかけたんです。

頭のなかで「思う」んじゃなくて「問いかける」って大事なんだよ。人と話す時ってひとりごとを言うんじゃなくて、誰かに向けて話してるじゃん。それと同じで問いかけるみたいに思うのね。脳でいうと、脳の後ろの左側くらいから話しかけるみたいな感じ。

そうしたら、そのカエルみたいな妖精が、「お前、おいらのこと見えるのか」って言ってきたの。

「見えるよ」って頭のなかで答えたら、「お前、おいらがこうやって会話してるのもわかるのか」って聞くから「わかるよ」って言ったら、「どっひゃー！　見えるのかー」って、その妖精がすごく喜んでくれたのね。その様子がちょっとかわいいんです。

その妖精に「この人（友だち）はなんで見えないの？」って聞いたら「見ようとしないからさ」って言ったのね。

見ようとしないから見えないのかって思った。でもそういうことっていっぱいあるじゃん。恋とかも気づかないと、恋してるってわからないかもしれないよね。

それで、「ここって何人くらい君みたいなのがいるの？」って聞いたら、１０００人くらいいるって教えてくれた。

よーく見てみると、笹の下のところで暮らしてるんだよね。でも女の子がいなかったから「女の子はいないの?」って聞いたら、女の子もいるらしい。照れ屋だからすぐに笹の下のところに隠れちゃうんだって。

そのお寺にはでっかい岩があって、そこには隙間があるんだけど、「あそこにじいやがいる」って言うんです。

ぱっと見たら本当にそこに長老みたいな妖精がいたんだよね。15㎝くらいの大きさで、とにかくひげが長くて、とんがり帽子みたいなのをかぶってる。

その時気づいたんだけど、そのじいやのいる岩のとなりには、ちっちゃい祠《ほこら》があったんです。ということは、ぼくのほかに妖精に気づいた人がいたんじゃないかなって思ったのね。

じいやがいる岩と笹の葉のあいだにはでっかい竹があって、あの竹から向こうは行っちゃいけないってじいやに言われてるらしい。でもたまにふざけて、竹の向こうに行っちゃうんだって。

見つかるとひどく怒られるって妖精は言ってた(笑)。

「気持ち」や「エネルギー」を食べる妖精たち

ぼくが「ここに妖精がいる」って言ったら、友だちは妖精がいるあたりをバシャバシャ写真に撮りはじめたんです。

そうしたら妖精が「おいら、写真は嫌いさ。だっておいらが写らないからさ」って言い出した。

それを聞いてぼくは、「もしかして本当に妖精と話してるかもしれない」って思った。ぼくは写真に写るけど、妖精は写らない。っていうことはこれは妖精目線の話。ぼくは妖精目線で話さないから、今本当に話してるかもしれない。これはぼくが想像で勝手につくってないなと思ったんです。

それから妖精が「カメラに写らないと、人間はおいらのことをいないってことにするじゃんか。でも、おいらいるじゃんか」って言ったんです。だから、「いや、いるよ。絶対いると思う」ってぼくは答えた。

ぼくは一緒に来た人のことも忘れて、はじめて妖精と会えたからうれしくって夢中になって、いろんな話を聞いてみた。「何食べてるの」って聞いたら「キノコの味を食べてるのさ」って言ってから、キノコのほうを指さしたのね。その指をさした先にキノコが本当にあった。っていうことは、やっぱりこいつはいるんだとワクワクした。

太ってる妖精もいたんだけど、それはキノコに寄っかかっていて、そうやってキノコの味を食べてるって教えてくれた。「あいつはズボラなんだよ」妖精は、笑って言った。

あとで家に帰って調べてみたら、ヨーロッパのほうでは、妖精のご飯用に窓のところに牛乳を置く風習があるらしい。そうして朝起きたら靴のなかにコインが入ってるっていう言い伝えみたいなのがあるんです。

その時妖精は、牛乳の味だけ食べるそうです。それを「妖精がフォイゾンを食べる」って言うらしいんだけど、このフォイゾンはエネルギーのことみたいだ。妖精はどうやら気みたいなのを食べて生きてるらしい。

ちなみに桜の花にも妖精がいるんです。

桜の花が咲くと、５枚花びらがありますよね。そこをまたぐようにして、女の子の妖精がいる。

桜の花の妖精は、お互いに「あなたきれいね」「あなたもきれいよ」ってほめ合ってる。ずーっとほめ合って会話してるのね。その時「あたしがきれい」とは誰も言わない。

桜の花が散る時には、サーフィンみたいに妖精たちが上に乗って、どこまで遠くに行けるかっていうのをゲームしてるのも見えた。

だから、宙を舞ってる桜の花びらをつかむといいことがある、とかよく言われるけど、ぼくはあれって花びらに妖精が乗ってるからかもしれないって思ってます。

桜の花の妖精にも「何食べてるの」って聞いてみたら、桜の花を見てみんなが「きれいね」とか「かわいいね」って言ってくれたその気持ちを食べてるって言ってた。やっぱりそういうエネルギーを食べてるらしい。

それでぼくは、「じゃあ人、誰もいないから、山奥の桜とかって、おなか減らない？」って聞いたら、桜の花の妖精が、「だって、『きれい』とか『かわいい』って言ってくれるのは、人間だけじゃないもの」って教えてくれた。それを聞いてぼくは愚かな質問しちゃったなって思った。

「きれいだね」っていうのは、ほかの桜も言ってるし、鳥も言ってるし、虫も言ってるし、蜂も言ってる。人だけが話せると思ったら大間違いなのだ。

妖精たちが伝えたかったこと

その後、鎌倉のお寺で妖精に出会った話を別の友だちにしたら、「自分も妖精が見たい」「見えないかもしれないけど、通訳してほしい」って人がたくさん集まって、もう一度あのお寺に行くことになったんです。もし妖精が見えた時のために、スケッチブックも用意して。

そうしてこの前妖精に会ったところに行ったら、やっぱりあの妖精がすぐ来てくれたんです。でも、一緒にいる人は誰も見えないんだよ。誰でも見えるわけじゃないらしい。

その時はっと気づいたんだけど、ぼくは前に妖精に会った時の経験をもとに、『あたし、ようせいにあいたい』っていう絵本を描いてたんです。

よく考えたら妖精に許可をとってなかったと思って、ドキドキしながら「ちょっと謝らなくちゃいけないんだけど」って話しかけたんです。

「君らのことを勝手に絵本に描いてしまった」

「え、なんだ？　絵本って」

「いや、こういうふうに人間の子どもに向けて描く絵と文なんだけど、『あたし、ようせいにあいたい』っていう絵本で」

って言ったら、その時に「え、妖精ってなんだ？」って聞いてきたのね。

「あ、そうなのか。ぼくは妖精だと思ってたけど、こいつらは妖精じゃなかったのかもしれない」って思って、「妖精って君らのことだと思ったんだけど、違ってた？」って聞いたら、「おれら、妖精らしいぞ」って話になって、ほかの妖精たちも集まってきたの。それこそ１０００人くらい。

それで、ぼくが「ちょっとこの絵本読むから聞いててくれない？」って言ったら、何人も絵本によじ登ってきちゃうの。それを見て妖精のリーダーみたいなやつが、「おい、それじゃみんなが見えないだろう！　そういうことをしたらいけない」ってものすごい怒って、それでみんな並んで座ってくれたから、絵本の読み聞かせをした。妖精たちは、柵に使われてるロープにきちんと並んで座ってた。

絵本を読み終わったら、「へー、面白いな」「ぼくらは妖精だったんだ」って言って喜んでくれた。

その様子を見ていた何人かが、スケッチブックに妖精を描き出したんだよね。ぼくは「信じないから見えないんだよ」って思ってたんだけど、一緒に来た人が描いた妖精は、ぼくが見てる妖精と同じだった。なんとなく感じる人は、いるみたいだ。

帰る時、妖精に「なんでこんなに話してくれたり、いろんなことを教えてくれたの？」って聞いたら、

「生きてる自然を守ってほしいからさ」

って言われたんです。

生きてる自然っていうのは、たとえば屋久島みたいに、木が茂ってて苔とかが生え

てて、マイナスイオンとかが出てるようなところは、生きてる自然。

そういうところが妖精のすみかなのに、今はそういうのが少なくなってきてるんだって。それを守ってほしいって言われたんです。

それを聞いて感動して、まわりの人にも伝えたんだけど、今ひとつうまく伝わらなかったんだよ。それで、「どうしても妖精がいることを感じてもらいたいんだけど、みんなにもわかるようにできないかな？」って聞いたら、「じゃあ、今から雨降らすよ」って言ったのね。

そうして妖精がパチッて指を鳴らしたら、雨がドーッて降り出した。そしてもう一度指を鳴らしたら、雨が上がって晴れたんです。

妖精が、「もう1回やるよってみんなに伝えて」って言って、またパチッと指を鳴らしたら、またドーッって滝みたいな雨が降ったんです。もう一度指を鳴らしたら、雨はきれいにやみました。

それを見たみんなはようやく感動し気がついて、全員が号泣したんだよね。

「大切にしよう、自然のこと」ってぼくは改めて思った。妖精はぼくらが帰るのをリスに乗って最後まで見送ってくれた。

ところで、妖精が見えるようになってから、ほかのところにも妖精はいるんだろうかと思って、いろんな場所で探してみたんです。

都内のある神社にも、岩のあるところに15㎝くらいのじいやがいるんだけど、ずっとそこから動かない。「なんでそこから出ないんですか？」って聞いたら、

「ここにいると冬には雪が降って、春には春風が吹いて、夏にはすごく温かい日差しが来る。ここには、全部あるんじゃ。だから、ここが一番すばらしいのじゃー」

って言ったんです。すべてがそこにあるって素敵だなって思った。

人間だと、「ここじゃない、ここじゃない」って思っちゃうことが多いじゃないですか。じいやみたいに「ここが一番すばらしいんだ」って思えるようになることが、すごく大事なんじゃないかな。

出雲大社で出会ったかみさま

10月のことを「神無月《かんなづき》」って言うけど、これは全国のかみさまが出雲大社に集まるからこう言われてるんです。逆に出雲大社では「神在月《かみありづき》」って言って、全国のかみさまが集合してると言われてます。

だからぼくは、神在月にどうしても出雲大社に行きたいと思ったんです。全国からかみさまが集まってるから、もしかしたら妖精だけじゃなくかみさまとも話ができるかもしれないと思って。

そうして神在月である11月、出雲大社に行ってみたんです。

神社っていうのはもともと大きな木とか岩とか海とか、とにかくでっかいものを信仰していたそうです。

しめ縄がついてる大きな木とかあるけど、みんなが木をお祈りしてた後付けで神社を建ててるパターンが多いらしい。

ところが出雲大社に行くとわかるんだけど、大きな木がないのね。

ぼくはいつも神社に行くと、お参りするところじゃなくて、大きな木を拝もうと思ってるんです。だけど出雲大社はないから、どこを拝めばいいのかなって思ったんだけど、その時にものすごい大きなかみさまが鳥居の上に座ってるのが見えた。出雲大社の大きな鳥居と同じくらいの大きさで、昔の人の格好をしてたから、大国主命《おおくにぬしのみこと》かもしれないと思った。

そのかみさまに「どこにご神木があるんですか」って聞いたら、「あれだよ」って山をさしたんです。それで、「ああ、なるほど」って思った。

ぼくはその時知らなかったんだけど、「大社」ってつくところは山とか岩とか海とか、いわゆる大きなものを祀るところが多いんだそうです。

そのほかにも出雲大社には、かみさまがいるところがいくつかあった。

「かみさまのお宿（ホテル）」って言われてるところがあって、そこは茅葺《かやぶ》き屋根ででてきてるんです。その屋根の上のところに木霊《こだま》みたいなちっちゃい妖精みたいなやつがいて、ふざけてジャンプして、みんながお祈りしてる時に屋根にたまったしずくをバタバタバタバタ落とすんです。そんでお参りしてる人が、冷たい！　とか言うと、転げ回って笑ってるの。

あと、出雲大社で水がたまっているところがあるんだけど、そこには龍の赤ちゃんがいた。どうしているんだろうと不思議だったんだけど、ひょっとしたら神在月の時に龍が生まれるのかもしれないなって思ったんです。

これはあくまでもぼくの話で、正しいかどうかなんか知りません。ただぼくは、ものすごく面白くてうれしかっただけです。

かみさまに思いを伝えるには

ぼくが出雲大社に行った時は、風がビュービュー吹いていて、風の先のほうを見ると、顔がついてるのが見えた。

それでぼくは、「もしかしたら、風がかみさまだったのかな」って思ったんです。ボブ・ディランの歌詞でも「答えは風のなか」って言ったり、ジブリの映画でも大事なシーンの前っていうのは必ず風が巻き起こる。伊勢神宮とかでも、かみさまに歓迎されてる人は、正殿の垂れ幕が風でめくれるとも言われている。神社に行くときに風に気をつけてみるといいと思う。そこにかみさまがいるかどうか感じられるから。

神在月の出雲大社にはいっぱいかみさまが来てたけど、よく見てみると、「受験に合格しますように」「彼氏ができますように」「結婚できますように」ってみんなお祈りしてるのに、かみさまたちは誰も聞いてない。

かみさまたちは、みんな酒盛りしてるんです。そのお酒っていうのは、奉納されてる酒樽のエネルギーから取ってくるらしくて、そのお酒を飲んで大宴会をしてる。

だからぼくはお参りする時に、いつものようにかみさまにお願いしないで、ただ語りかけました。

「ぼくははじめて出雲大社に来たんですけど、すごくいいところですね。でっかいしめ縄も格好いいし気もいいところですね。それで、ぼくはどうしても日本をよくするお手伝いをしたいんです。ぼくは子どもに向けて本を描いてるんです。本を描いてるって言っても、『絵本』って言って、絵を描いてあって、文も書いてあるやつなんです。それで日本の子どもたちをちょっとでもよくしたいんです。日本をよくしたい気持ちがあるんです。かみさまのお手伝いをさせてもらえませんか？」

そうしたら、かみさまが「お前、なんて名前だ」って話しかけてきてくれたんです。「そう思ってるなら、ほかのかみさまにも紹介してやる」

で、その日は曇りだったんだけど、雲が割れてそこから光が差して、ぼくのところに当たったんです。多分あれがかみさまだったんだと思う。きっとわかりやすくしてくれたんだと思うんだけど、すごくうれしかったことを覚えてる。

「かみさま試験」をずっと解き続けてると、こんなふうにかみさまを感じやすくしてくれるらしい。「かみさま感度」が高くなる。

『かみさま』なんてウソだよ、でたらめだよ」って思ってると、何かいいことがあっても「あ、今のこれはかみさまがやってくれたんだな」とは思わないよね。

たとえば電車に乗ってて疲れて寝ちゃって、はっと起きたら降りる駅だった、みたいなことでも、ぼくはかみさまのおかげだなって思う。それだけじゃなくて、「こんなスゴイ人に会えるんだ」っていう夢のような出会いも、かみさまがやってくれてるなとぼくは思ってます。

そのたびに、まめに「かみさま、ありがとうございました」「かみさま、ありがとうございました」って言ってたら、かみさまも自分のやってることに気づいてくれてると思って、うれしいんじゃないかな。それでまれにかみさまを感じられることを見せてくれるんじゃないだろうか。

あと、ある時自分についてくれてるかみさまだけじゃなく、さらに上のかみさまと話したと思ったことがあったんです。

そのかみさまが「あなたの知ってることをしなさい」って言ってくれた。だからぼくは、自分の知ってること、できることを、とにかく一生懸命やろうと思ってやってきました。それがかみさまに応えることだと思ったから。

「あなたの知名度を上げます」って言われたこともあった。そのあと『ママがおばけになっちゃった！』がベストセラーになった。ヘンな話だし、別に宗教とかじゃ一切ないけど、なんかそういうことがあったって話ね。

あとは、「あなたのしたやさしさのなかに私がいます」って言われたこともあった。

ぼくは教会で生まれ育ってるから、もしかしてこの言葉はキリストが言ってるんじゃないかなと思った。なぜなら、愛がキリストだから。やさしいっていうこと、愛すること自体がキリストなのかもしれない。

そういう意味では「キリスト」っていうより「イエス」なのかもしれないね。「イエス」って日本語で「はい」って意味だから。「ノー」じゃなく「イエス」、全部「イエス」。「あなたのしてることはイエスです」っていうのは、存在を肯定する「いていいよ」っていう「イエス」なのかもしれないですね。

ちなみに、マザー・テレサはキリストのことが大好きな人だったんです。貧しい人のなかにキリストがいるって思って、ずっと奉仕をしてた。

よく、お金のためにやってないからすごい人だって言われてるけど、マザー・テレサにとってはキリ

ストというあこがれの人に会いたいために、毎日奉仕を続けていたんじゃないかな、とぼくは思っています。好きな人には毎日会いたいもんね。

人生に魔法をかけるのは誰？

ここまで読んでくれた人は、ぼくのことをスピリチュアルだって思うかもしれない。でもぼく自身は、スピリチュアルに頼っちゃいけないと思ってるんです。

やっぱり自分が努力して、勉強して、ちゃんと行動して、それでこそ応援してもらえると思ってるから。それは人でもかみさまでも同じだと思う。

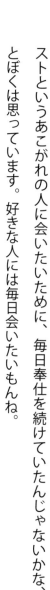

なんにもしてないのに助けてほしいっていうのはダメなんだよ。まず自分がやるって言ってやって、全力でがんばってる人に対して、みんなもかみさまも協力してくれるんじゃないかなって思うんです。

人間っていうのは、魔法は使えないけど、ものすごーくがんばってたら、最後にほんのちょっとだけ魔法が使えるんだよ。それが人だったり、かみさまだったりするんです。

だからみんなの力を借りたらいいし、何かあっても逃げずに「かみさま試験」をクリアしていけば、かみさまも力を貸してくれるようになるよ。

そういう意味では、ぼくの言ってる「かみさま」っていうのは、もしかしたらみんななのかもしれないし、自分を信じる力なのかもしれません。

立派な人にならなくてもいい
ダメな所を見せれる人が
愛されるよ
普通の人ほどうまくいく
気を使わせない人がいい
気軽に話せる人がいい
良く見せようとするから
人がはなれていくことがある

おわりに

18の時から絵本描きはじめて、22年がたった。

21の時にデビューしてからだと19年。

ものすごい数の絵本描いてきた。それである時気づいたのは、人から悩み相談されると、この人大体こうなるんじゃないかな？ってわかること。話をずっとつくってたから、ホントの人の話を聞いても、なんとなくどうすればいいのかわかる。それがわかった頃から、たくさん悩みを聞かされるようになった。

悩みを聞いてるとわかるのは、それ、自分でどうしたらいいか、知ってんじゃん！ってこと。だけどエイヤ！って新しいことするのが怖いから、ドキドキして、なかなかやろうとしないだけなのだ。

怖いのは、うまくいかないかもしれないから。

だけどさ、失敗してもうまくいっても、絶対やったほうがいいんだよ。だってたいてい失敗するよ。失敗するのは普通なんだよ。だけどどこかでみんな成功するのが当たり前になぜかしてる。

失敗たくさんした人が、成功するんだよ。

失敗をバンバンしたらいい。

ぼくは、こんな本書いてるけど、自分なんて最低だなって思ってる。最低だから、

またがんばれるんだよ。それで1つひとつ逃げないで向き合えたら最高って思う。

失敗するし、間違えるし、得意の絵本だってほとんどが売れない。

だけどさ、たまに、生きててよかった、ってことがある。

それがうれしいのは、失敗があったからだよ。

幸せだけだったら、幸せを感じる力も弱くなるだろうな。

ぼくはみんなが、

ホントに心から！

少しでもよくなってほしい！

幸せになってほしい‼

って気持ちでこの本を書きました。

おわりに

届くかどうかわからん！　でもホントそういう気持ちだ。

なにか自分の知ってることで、かみさまのお手伝いできないかな、みんなのお手伝いできないかな、と思って書いた。

1つでも読んでよかったとこがあれば、ホントにうれしいし、涙出ます。


自分を数に入れるのを忘れるくらい、みんなに与えられますように。

求めないで、与えて与えて与えて！

みんなが幸せでありますように。

みんなが光になれますように。

日本中に届け‼

絵本作家　のぶみ

やさしい人じゃなく
やさしくしようとする人になりたい

著者紹介

のぶみ

1978年生まれ。練馬区在住。200冊以上絵本を出版。

「ママがおばけになっちゃった!」シリーズが60万部突破。

アニメにNHK Eテレ「みいつけた!」の「おててえほん」、「おかあさんといっしょ」の「げんしじんちゃん」「よわむしモンスターズ」、「うちのウッチョパス」、絵本に『うちのウッチョパス』『このママにきーめた!』『おこらせるくん』、「しんかんくん」シリーズ、「ぼく、仮面ライダーになる!」シリーズ、「おひめさまようちえん」シリーズ、「うんこちゃんシリーズ」などがある。

「内閣府すくすくジャパン!」シンボルマークイラストも担当している。

かみさま試験《しけん》の法則《ほうそく》

2018年3月20日　第1刷

著　者　のぶみ

発行者　小澤源太郎

責任編集　株式会社 プライム涌光

電話　編集部　03(3203)2850

発行所　株式会社 青春出版社

東京都新宿区若松町12番1号〒162-0056
振替番号　00190-7-98602
電話　営業部　03(3207)1916

印刷　大日本印刷　　製本　大口製本

万一、落丁、乱丁がありました節は、お取りかえします。

ISBN978-4-413-11251-2 C0095